sobinfluenciaedições

COORDENAÇÃO EDITORIAL Fabiana Vieira Gibim, Rodrigo Corrêa e Alex Peguinelli

PREPARAÇÃO Alex Peguinelli e Mariana Bercht Ruy

PROJETO GRÁFICO Rodrigo Corrêa

REVISÃO Lígia Marinho

Dados Internacionais de Catalogação na Publicação (CIP) de acordo com ISBD

W373Q Weber, Gabriel
474 Jacaré Copacabana / Gabriel Weber. - São Paulo : sobinfluencia edições, 2025.

128 p. : 11cmx 19cm.

Inclui bibliografia.
ISBN: 9786584744554

1. Arquitetura. 2. Urbanismo. 3. Política. 4. Direito à cidade. I. Título.

2025-3726 CDD 720
CDU 72

Elaborado por Vagner Rodolfo da Silva - CRB-8/9410
Índice para catálogo sistemático:

1. Arquitetura 720
2. Arquitetura 72

sobinfluencia.com

Galeria Metrópole
Av. São Luís, 187, Sala 12, Piso 1 – República, São Paulo/SP

474 JACARÉ/ COPACABANA

Gabriel Weber

PREFÁCIO
POR TIAGO COELHO 6

INTRODUÇÃO 12

REGRAS DO JOGO 18

TEMPOS 42

O SÁBADO DE SOL 56

RELATOS SELVAGENS
HISTÓRIAS DO 474 116

PREFÁCIO

POR TIAGO COELHO

Uma cidade antes de existir, precisa ser sonhada. Olhando a cidade pela janela do 474, Gabriel Weber sonhou um Rio de Janeiro? Ou teria sido um pesadelo? "As cidades, como os sonhos, são construídas por desejos e medos", diz o italiano Italo Calvino em *Cidades invisíveis*. Em sua dissertação, Weber nos conduz a uma viagem-vertigem por um Rio de Janeiro que é sonho-pesadelo.

Foi na adolescência que Weber embarcou pela primeira vez na linha 474. E o busão, com sua fama de maldito, atravessou o garoto com a fúria com que costuma atravessar os espaços desiguais do Rio de Janeiro: da Zona Norte para a Zona Sul, da Zona Sul para a Zona Norte. Ninguém permanece o mesmo depois de um rolé pela cidade no ônibus 474. Não há trajeto que revele mais sobre o Rio do que embarcar no 474 no Jacaré, no subúrbio, e desembarcar em Copacabana, na Zona Sul, de frente para o mar.

O trabalho de Weber é surpreendente, pois sua leitura é como um convite para uma volta pelo Rio de Janeiro sonho-pesadelo. E, antes da viagem, a obra começa com uma rica explicação das dinâmicas sociais, espaciais e econômicas que a linha 474 elucida a partir de seu deslocamento. Devidamente explicados os complexos contextos que cercam o 474, chega a hora de embarcar.

Você vai do inferno ao céu. A viagem começa pelo *Hell de Janeiro*: seu cenário urbano caótico, decadente, abandonado, labirintos estreitos entrecortados por linhas de trem e emaranhados de fios. É a parte da cidade esquecida, mas que segue como a veia mais pulsante do corpo do Rio. Onde embarca, bem cedinho, a classe trabalhadora empobrecida que presta serviços para a parte rica da cidade, na Zona Sul. São os mesmos que, no fim de semana, refazem o trajeto para curtir uma praia. Também nos fins de semana de sol, partem do *Hell de Janeiro* os moleques que dão calotes para ocupar um lugar na areia das praias da Zona Sul. Depois é a vez de *Viadutópolis*, uma espécie de purgatório, a antessala do paraíso, na região central do Rio, que vai te levar até a *Passagem*. A *Passagem* nada mais é que o túnel que fura o maciço da Tijuca, e que Weber chama oportunamente de portal místico, pois logo depois a cidade e sua paisagem modificam-se completamente ao chegar ao *Fim da Linha*, na idílica Zona Sul: rica, arborizada, organizada, embelezada: a promessa da vida boa à beira-mar.

Mas como bem disse Calvino, as cidades, assim como os sonhos, são constituídas de desejos e medos. O ônibus 474 é a expressão máxima desta dicotomia. Para a população pobre e marginalizada da Zona Norte, o 474 é o sonho de um descanso à beira-mar. Mas também o medo de serem hostilizados pela polícia que intercepta os veículos em blitz e impede usuários de chegarem à praia. Para os ricos da Zona Sul, o 474 é o transporte dos trabalhadores que cuidarão de suas casas e seus filhos durante a semana, mas que, no fim de semana, se torna o Cavalo de Troia que carrega dentro os *inimigos desordeiros* que tiram seu sossego ao lotar as praias.

Weber não deixa escapar nada ao fazer uma acurada análise urbanístico-sociológica sobre o 474. O ônibus que não é só veículo e trajeto, mas também protagonista da pesquisa, é tratado pelo autor nem como herói, nem como vilão, mas como um *anti-herói*. Tampouco romantiza a linha, tratando a seco os problemas: a precarização das condições de trabalho dos motoristas, os frequentes assaltos dentro do veículos e todo o tipo de cena de violência no trajeto. Mas o trabalho do arquiteto-urbanista tem um norte: a tensão provocada pelo ônibus 474 expõe a fragilidade democrática e da constituição da cidadania que, além de produzir desigualdade, marginaliza e impede que seus moradores pobres exerçam o direito de circular livremente pelas cidades. Há uma montanha real e metafórica que divide a cidade. O trabalho de Weber perfura a montanha, escancara a desigualdade e mostra as tensões de classe provocadas pela passagem do 474.

Com uma pesquisa rica e o devido rigor acadêmico, o trabalho é também uma memorabilia de uma cidade em transe, com inteligente interlocução com fotografia, literatura, música, reportagens, imagens de satélite. E também as memórias pessoais do autor, que é ao mesmo tempo pesquisador, testemunha ocular e *flâneur* do 474. Um Marco Polo da Zona da Leopoldina que conheceu a cidade embarcado no veículo mais controverso do verão carioca.

INTRODUÇÃO

O 474 é uma linha de ônibus do Rio de Janeiro. Em dias úteis e/ou sob tempo nublado, o trajeto de uma hora e meia segue seu desígnio: alimentar os bairros ricos da cidade com mão de obra barata de bairros falidos da Zona Norte e do Jacarezinho, uma das mais miseráveis favelas cariocas. Nos finais de semana, quando o *sol-passa-a-queimar*, a linha escapa à lógica servil: inverte a sua função, servindo ao transporte dessas populações subalternizadas às praias de Ipanema e Copacabana, na Zona Sul da cidade.

Conhecida no Rio como a *linha do inferno*, o 474 adquiriu o status de mito urbano. Caberia ao ônibus a origem do caos e da insegurança que perturbam a tranquilidade da *praia-das-pessoas-de-bem*. O grande rastro de assaltos deixado pelo veículo nos dias de sol tornou-se plataforma para discursos de criminalização do acesso das populações marginalizadas à praia.

Enquanto linha, o 474 escapa à unidimensionalidade da união entre dois pontos do mapa da cidade. Tampouco se restringe às cenas de roubo e depredação, enfocadas por aqueles que desejam impedir seus usuários de chegarem ao mar. Seu trajeto estrutura um sistema de espaços, com códigos e tempos particulares. A linha, quando exposta às pessoas fora do [sur]realismo carioca, deixa clara a singularidade das estruturas espaciais de exclusão e autoritarismo que desenham as metrópoles brasileiras.

Enquanto cidade partida, o Rio de Janeiro é projeto concretizado por vários autores, atravessando datas e regimes de governo, cujas partes se complementam continuamente, numa estrutura sequencial de violências. O sistema de exclusão representado pelo 474 evidencia que a política de segregação encontra reprodutibilidade cotidiana devido à sua materialização espacial.

A iniciativa para este livro parte de uma dimensão afetiva. Enquanto morava no Rio de Janeiro, o 474 era meu principal meio de acessar a cidade e seus serviços. Não sendo a opção mais rápida, convencia-me pelo conforto de parar na porta de casa e rodar 24 horas por dia. Descobri-o pela rotina do trabalho, quando era cooptado como *office-boy* da minha mãe durante as longuíssimas greves escolares. Era com ele que eu descia cheio de apólices da minha casa, no Riachuelo, um desses bairros falidos colados ao Jacarezinho, até o Centro e Copacabana.

Num segundo momento, já na faculdade, quando a grande maioria dos amigos morava na Zona Sul e a praia era o espaço primordial dos encontros, revelou-se um tempo de arruaça. Foi num domingo de tarde, fim de semestre, janeiro, também graças a uma greve, que encontrei uma amiga para terminarmos um trabalho juntos. Esbaforido e descabelado, ela me perguntou o que tinha acontecido: "tive que pular da janela do 474: hoje não aguentei". Nada que abalasse minha relação com a linha, reencontrada sob as mesmas rotinas todos os verões desde que me mudei para Portugal. Entendi e assumi como responsabilidade torná-la visível, transformando-a em tema da minha dissertação de mestrado defendida na Faculdade de Arquitectura da Universidade do Porto.

Este livro tem o objetivo de revelar o desenho dos mecanismos de exclusão e partição do Rio de Janeiro a partir de uma viagem de ônibus do subúrbio à praia num fim de semana. O 474 é entendido como recorte de um projeto de cidade, de seus esquemas de forças e negociação na luta pelo direito ao lazer.

De maneira a [re]conhecer a rotina da linha, o percurso foi repetido em diferentes horários, com diferentes pontos de partida durante três semanas de fevereiro de 2022. O trabalho consistiu também em conversas com passageiros, despachantes e motoristas, bem como em levantamentos métricos do veículo e de suas paragens significantes. O desenho é apresentado, assim, sob uma operacionalidade dual. De um lado responde ao anseio de comunicar e registrar os episódios enquanto matéria de Arquitetura. De outro, é assumido como forma primeira de inquirir os espaços. Possibilita, dessa forma, a leitura integral de tempos e escalas não simultaneamente apreciáveis mas relacionados pela linha, que vídeos e fotos são incapazes de traduzir sob a síntese de uma página.

É estabelecida de princípio uma direção referencial na abordagem: do Jacaré a Ipanema. Assim, pretende-se apresentar a cidade pelo posicionamento daqueles que não têm direito a ela, reconhecendo os lugares de fala sociorraciais explícitos.

Admito de antemão um duplo privilégio que viabilizou essa pesquisa. O primeiro é o fato de ser branco e de classe média, livre para circular sem obstáculos pela cidade. O segundo é o de ser *cria* do Riachuelo. Tomando o 474 na primeira parte do percurso, no primeiro ponto depois do Jacaré, encontrava-me sempre protegido pela ética interna do veículo, que coíbe roubos a *trabalhador* e *fodido* dos arredores.

O trajeto rumo à praia em um *Sábado de sol* fornece o tempo e a estrutura sequencial da escrita, a partir do qual se apresentam os episódios, entendidos como as interações entre os corpos, o veículo e a cidade. A transposição do espaço e tempo das viagens para o suporte de papel é acompanhada pela desvantagem da perda das sonoridades e conversas entreouvidas. Quando elucidativos e fundamentais à compreensão da atmosfera do episódio, os diálogos ou vozes registrados pelo caderno de campo foram transcritos para o corpo de texto, bem como as gírias e o calão.

No Rio, todo mundo conhece o 474 *de fora*. Este livro é uma visão *de dentro*. Se eu tivesse seguido os conselhos dos meus pais e ido de metrô ou de 457 à Zona Sul, este trabalho não teria sido possível.

REGRAS DO JOGO

1. Ônibus

> Art. 6º São direitos sociais a educação, a saúde, a alimentação, o trabalho, a moradia, **o transporte**, o lazer, a segurança, a previdência social, a proteção à maternidade e à infância, a assistência aos desamparados, na forma desta Constituição.[1]

Sobre um sistema de transporte público caótico, os usuários cariocas desenvolvem práticas de sobrevivência que convêm apresentar àqueles de fora. Os ônibus são parte fundamental da paisagem da cidade. Aqui o aforismo de Banham "I learned to drive in order to read Los Angeles in the original"[2] pode ser traduzido para "aprendi a pegar ônibus para entender o Rio no original".

1 Congresso Nacional. (2015). *Emenda nº 90 de 15/09/2015 à Constituição Federal Brasileira de 1988*. Grifo do autor.

2 Banham, R. (1973). *Los Angeles: The architecture of four ecologies* (1976 – reimpressão). Harmondsworth: Pelican Books, p. 23.

Os trajetos pendulares *casa-trabalho-casa* são caros, desconfortáveis, lotados e demorados: R$4,70 para uma viagem de 67 minutos, o quarto maior tempo do mundo[3] e a duração da leitura deste livro. Numa metrópole de frenética urbanização linear, onde a rede ferroviária encolhe desde meados do século XX e o metrô circula sobre uma gambiarra de uma linha e meia, 72% das viagens são efetuadas de ônibus.[4] Uma hegemonia construída a partir da década de 1950, sobre a substituição do sistema de bondes, finalmente erradicados no governo de Carlos Lacerda [1960-65].

A estabilidade do sistema, sacudido pela pandemia de Covid-19, é fruto do cartel sob o qual ele é organizado. "Monopolizado por um pequeno número de empresas familiares que se estabeleceram no negócio desde os inícios desse transporte na cidade",[5] no qual quatro empresários controlam um terço dos negócios.[6]

3 Moovit. (2022). [Dashboard sobre dados do transporte no Brasil]. https://lookerstudio.google.com/embed/u/0/reporting/f7ab41d6-eb72-4e25-96c7-598800b1ed47/page/Phb8

4 Motta, T. (relator). (Março de 2018). *Relatório Alternativo à Comissão Parlamentar de Inquérito instituída pela resolução nº 1.394/2017 CPI dos Ônibus*. Rio de Janeiro: CM, p. 8.

5 ibid., p. 28.

6 Berta. R. & Magalhães, L. E. (17 de maio de 2013). Poucos donos, grandes negócios. *O Globo*, Rio, p. 10.

Desses chefões, o mais célebre foi sem dúvida Jacob Barata Filho, o *Rei dos Ônibus*, sócio de 25 empresas – incluindo a Braso-Lisboa, que controla o 474. Uma reportagem de 1993 já denunciava os esquemas de operação do grupo:

> Dividem a cidade entre si, respaldados por um lobby poderoso na Câmara de Vereadores, na Prefeitura e na Assembleia Legislativa. [...] Raramente pagam multa – e muitas vezes ainda conseguem cancelá-las. Ditam os preços das passagens, já que são eles que fornecem os principais dados usados na elaboração da planilha de custos.[7]

A contradição do transporte público começa pelo nome, uma vez que a operação atende sobretudo a interesses privados. Desenhado pelo capital em conluio com um Estado de raiz autoritária e racista, o sistema torna os passageiros e cidades em clientes, reféns de um serviço para o qual não há alternativas.

7 Seara, B. & Silva, C. (8 de agosto de 1993). Os dez chefões do transporte no Rio. *O Globo, Rio*, p. 26.

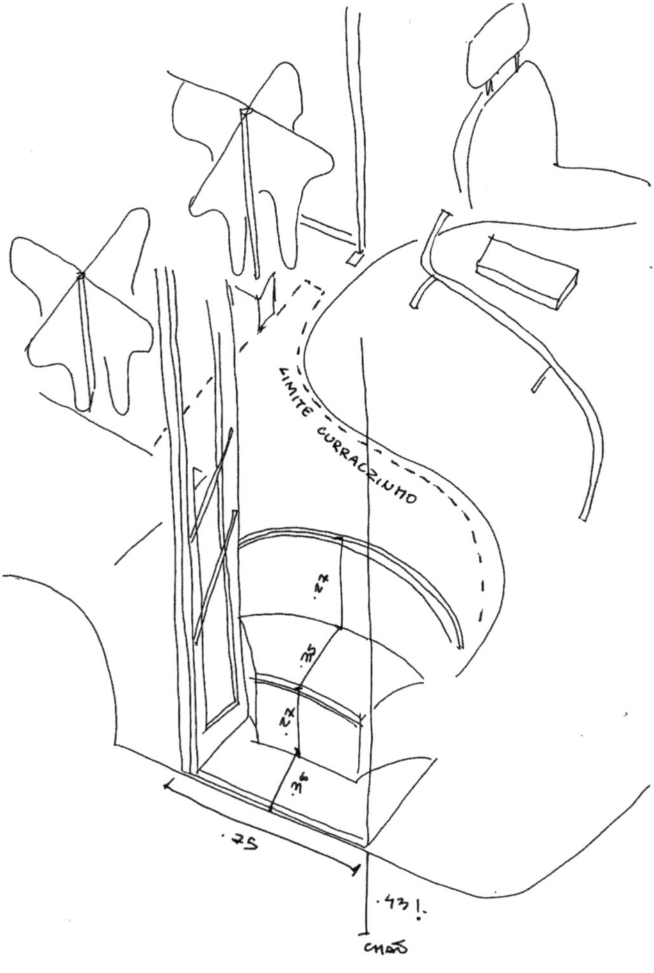

LIMITE CURRALZINHO
.27
.35
.27
.36
.75
.43 !
CHÃO

A falta de transparência das empresas e a promiscuidade entre interesses públicos e privados conduzem a aumentos tarifários não ratificados e sem melhoria aparente do serviço. Foi um aumento de R$0,20 na passagem que levou às Jornadas de Junho de 2013.

A paisagem pode até ser bonita, mas a jornada é desenhada para "moer (a) gente", como diz seu Alcir, que, vestido de túnica branca, vai a caminho da praia vender esfihas. Corre na cidade o mito de que as carrocerias dos ônibus são montadas sobre chassis de caminhão da Mercedes-Benz. Isso explicaria o porquê dos veículos serem tão altos e desconfortáveis.

Contíguo à entrada – mais conhecida como *curralzinho* – está localizado o assento do motorista. Um anteparo de acrílico, remanescente da pandemia de Covid-19, confere ao espaço a claustrofobia de um aquário, no qual o condutor fica sentado por até cinco horas contínuas de trajeto. Alguns tentam tornar o espaço menos insuportável, domesticando-o com toalhas do Flamengo que fazem de cortina, ventiladores a pilha ou capas de banco de contas, reputadas por suas propriedades fisioterapêuticas e massageadoras ao vibrarem sincopadas ao barulho do motor. Este último também serve de forno:

> Ao levantar o capô, surge um compartimento conhecido como microondas ou defumador, por aquecer a comida com "notas" de óleo diesel. [...] Para refrigerar a perna, colada ao motor, trabalha-se com a calça dobrada na altura do joelho.[8]

Para os condutores, as viagens são solitárias, exceto pelas horas de ponta. Nessas, painel e escadas tornam-se também assentos ou apoio aos passageiros, condicionados seja pela superlotação do veículo, seja pelo Bilhete Único [BU], cuja validade de duas horas faz com que muitos só ultrapassem as catracas ao fim do trajeto.

As roletas delimitam não apenas o curralzinho, mas também a amplitude da cidade pela barreira do pagamento. A recente duplicação dos equipamentos para agilizar a faturação e o embarque levou à perda de lugares sentados. Paralelamente, multiplicaram-se as barras que impedem – ou tentam impedir – o calote. A impressão é a de se entrar numa gaiola. Se os tubulares superiores não impedem o tombo nos rachas entre motoristas, ao menos servem de apoio aos

8 Motta Gueiros, P. (19 de julho de 2015). Condutores de alta tensão: a rotina estressante dos motoristas de ônibus do Rio. *O Globo Online*. https://oglobo.globo.com/rio/condutores-de-alta-tensao-rotina-estressante-dos-motoristas-de-onibus-do-rio-16836705.

ganchos expositores dos ambulantes, que transformam o corredor do veículo em mercado.

Andar de ônibus pressupõe *sentir o bafo*. Se a completa climatização da frota foi conseguida depois de anos de reclamações e luta, a pandemia foi utilizada como álibi para que as empresas abrissem a janela e desligassem o ar-condicionado, contornando assim os sucessivos reajustes dos preços dos combustíveis. Desembarcar pingando de suor é, portanto, dado adquirido da viagem. A alternativa são os *frescões*: ônibus executivos administrados pelas mesmíssimas empresas do serviço convencional e cuja passagem custa até três vezes mais.

Os assentos, aparentemente equivalentes, têm significado relativo ao posicionamento dentro do veículo. À janela, tem-se a vantagem do vento e a inconveniência do telefone poder ser levado *na mãozona* nas paragens nos pontos e engarrafamentos. A desvantagem é a mesma das cadeiras próximas à porta traseira. Os bancos altos oferecem a possibilidade do controle daqueles que chegam.

A escolha do lugar deve ter em consideração também a hora do dia. Uma das malemolências essenciais para o passageiro é conseguir georreferenciar o trajeto, de maneira a saber de antemão quais das duas filas estará mais exposta ao calor durante o percurso, conhecimento geralmente adquirido pela rotina. A luz, se não é em forma de maçarico solar, para o qual as janelas não oferecem qualquer proteção, é branca-necrotério à noite.

A maximização dos lucros tem consequência espacial, tanto pelas opções de acabamento e conforto do veículo quanto por sua forma de operação, visto que o número de passagens vendidas é inversamente proporcional ao espaço disponível para cada passageiro. O espaço vibra continuamente, sentindo-se sempre instável pela iminente impressão de desmonte, numa paródia da cidade percorrida.

Os assentos têm um espaldar alto e fino, respondendo aos mínimos da ergonomia. Viajando sentado nas cadeiras, a deficiência dos amortecedores do veículo faz com que toda a transmissão seja conduzida ao corpo pelo assento. Em pé, cansam-se as pernas e os braços, que devem segurar firme para manter o equilíbrio frente à lei do mais forte no trânsito, onde o ônibus é autoridade máxima.

Ônibus não se pega, se conquista. A inconstância dos horários e os sumiços das linhas, já previsíveis, foram agravados desde a pandemia.

Há linha que "passar até passa, mas só quando quer".[9] Google Maps e Moovit são aplicativos que pressupõem um espírito republicano que talvez exista em São Paulo, mas certamente não vingou no Rio de Janeiro. As longas esperas nos pontos e nas viagens motivam a articulação dos passageiros entre si em grupos de WhatsApp.

> A utilidade do grupo [da linha no WhatsApp], minha amiga Lourrane me explicou, são, na verdade, várias:
>
> 1) Os usuários perguntam onde o ônibus está, e quem está nele responde – mandam localização e dá até para se programar antes de sair de casa;
>
> 2) Os passageiros informam se o ônibus está cheio, se tem lugar pra sentar, quem é o motorista;
>
> 3) Pessoas atrasadas podem implorar para o motorista ir mais devagar para dar tempo delas embarcarem – às vezes cola, pois estamos no Rio de Janeiro, né? Terra onde tudo é possível. E essa é uma função que nenhum aplicativo de mobilidade urbana oferece.

9 Fagundes, F. (7 de junho de 2019). "Perdi a condução, mas descobri os grupos de WhatsApp de ônibus", usuários do transporte público se unem em grupos de WhatsApp de ônibus para trocar informações sobre horários, atrasos e riscos das viagens. *The Intercept Brasil.* https://theintercept.com/2019/06/06/descobri-grupos-de-whatsapp-de-onibus/

Viaja-se quase sempre com as mesmas pessoas e motoristas todos os dias. Caras conhecidas mas principalmente uniformes anunciam não verbalmente partes bem definidas do percurso. A rotina do trajeto incide sobre a leitura da cidade, sendo possível antever onde alguém irá saltar e liberar um lugar para ir sentado.

Andar de ônibus é extenuante. Paradoxalmente, frente a rotinas de trabalho cada vez mais desregulamentadas, as viagens, seus engarrafamentos e tempos de espera convertem-se na pausa possível, momento de refúgio íntimo dentro do espaço abarrotado.

2. Calor

> Art. 10. As praias são bens públicos de uso comum do povo, sendo assegurado, sempre, livre e franco acesso a elas e ao mar, em qualquer direção e sentido, ressalvados os trechos considerados de interesse de segurança nacional ou incluídos em áreas protegidas por legislação específica.[10]

A elevação das temperaturas à insuportabilidade no Rio, em meados de setembro, é acompanhada pelo aumento da tensão socioespacial na cidade. Com a chegada do calor, cada vez mais cedo e constante ao longo do ano, essa tensão cruza os túneis e ocupa as praias dos metros quadrados mais caros do país. Em nome da segurança pública, Governo do Estado e Prefeitura se unem na *Operação Verão*.

O principal objetivo: impedir os arrastões, que mancham a reputação do principal chamariz turístico da cidade e proteger a *sagrada-praia-do-sábado-da-gente-de-bem*. A origem do mal: os ônibus lotados que vêm da Zona Norte.

Blitze são instaladas em pontos estratégicos de acesso ao mar, nomeadamente à saída dos túneis que cruzam a Floresta da Tijuca. Os al-

10 Presidência da República (1988). Lei nº 7.661, de 16 de maio de 1988.

vos são facilmente identificáveis pelo letreiro e pela cor da pele.

> *Não há barreira que retenha esses estranhos*
> *Suburbanos tipo muçulmanos do* ***Jacarezinho***
> *A caminho do Jardim de Alá*
> *É o bicho, é o buchicho, é a charanga*[11]

Se durante a semana essas mesmas linhas de ônibus são toleradas por serem vitais ao funcionamento da Zona Sul, fornecendo-lhes mão de obra barata, aos fins de semana, escapam ao controle do trabalho e da rotina. Apropriadas e subvertidas como vetores de acesso ao ócio, tornam-se perigosas.

No final de 2023, o governador do Rio de Janeiro, Cláudio Castro, autorizou a polícia a retirar arbitrariamente *suspeitos* menores de idade dos veículos e levá-los à delegacia para inquérito.

> Estamos pegando menores que estão desacompanhados de responsáveis, que não têm documentação, e levando para que a gente faça a pesquisa social deles. Não há nada de mais nisso, não há cerceamento na praia. Quer ir à

11 Buarque, C. (2017). "As caravanas". *As caravanas* [Álbum]. Rio de Janeiro: Biscoito Fino, grifo do autor.

> praia, leve seu documento, vá com seu responsável, você vai poder curtir a praia numa boa.[12]

A decisão durou 24 horas, sendo suspensa após a rápida reação da Vara da Infância e da Juventude. Não foi a primeira vez: em 2015, a Defensoria Pública teve que entrar com um *habeas corpus* coletivo para garantir o direito de ir à praia, impedindo a atuação da polícia nas chamadas *ações preventivas de segurança*.

"Não podemos deixar que o nosso bairro vire um despejadouro de gente que vai usá-lo e deixar o bagaço",[13] bradava a associação dos *Amigos de Ipanema* à época da expansão do metrô para os Jogos Olímpicos de 2016. No entanto, mesmo cruzando o bairro, chegar à praia não ficou tão fácil assim. Até o início de 2024, a linha 2 do me-

12 De Souza, R. & Costa, J. V. (16 de dezembro de 2023). "Esses jovens ameaçam a segurança do bairro", diz presidente da Associação de Moradores de Copacabana, favorável à Operação Verão. *O Globo Online*. https://oglobo.globo.com/rio/noticia/2023/12/16/esses-jovens-ameacam-a-seguranca-do-bairro-diz-presidente-da-associacao-de-moradores-de-copacabana-favoravel-a-operacao-verao.ghtml.

13 Trecho do abaixo-assinado de moradores de Ipanema contra a construção de mais estações de metrô no bairro, apud Aquino, R. (12 de maio de 2011). O metrô e sua gente diferenciada. *Época Online*: http://revistaepoca.globo.com/Revista/Epoca/0,,EMI233271-15230,00-O+METRO+E+SUA+GENTE+DIFERENCIADA.html.

trô era encurtada nos finais de semana e feriados. Para seguir rumo ao mar, a massa recolhida desde a Pavuna, limite do Rio com a Baixada, era obrigada a efetuar uma baldeação às portas do Centro, saturando ainda mais as linhas 1 e 4. A redução da frequência dos trens, o transbordo e a superlotação ajudaram a desencorajar ao máximo a ida ao mar. É preciso atentar que tecnicamente não havia nada que impedisse que as composições vindas do extremo norte da cidade seguissem diretamente até Ipanema, já que as linhas são sobrepostas e o itinerário era realizado em *Operações Especiais*.

A repetição do discurso da praia como espaço metropolitano democrático tenta encobrir o desenho de provação construído à volta da exclusão espaço-temporal no verão. O movimento pendular do fim de semana rumo às praias da Zona Sul tem origem nos anos 1980, quando são criadas as primeiras linhas de ônibus que cruzam o Túnel Rebouças, evitando o caminho *cata-corno* de quarenta minutos pelo Centro e pela *Série B* da Zona Sul, banhada pela Baía de Guanabara. Relegada à latrina metropolitana, a poluição de suas águas é uma das principais razões do êxodo Norte-Sul. Aliada à ausência de piscinas públicas e opções de refresco, as linhas de ônibus são a única rota de fuga rumo à balneabilidade em uma cidade cuja sensação térmica pode ultrapassar os 60 °C. Se as águas da baía fossem limpas, a dinâmica de lazer na cidade seria outra, não pondo em causa o direito ao usufruto das praias da Zona Sul pela população *além-túnel*.

> – Eles têm direito de ir à praia, mas podem ir de maneira organizada. Ou senão ficar na praia deles, em Ramos. O governo podia fazer também um lago artificial pra eles lá no subúrbio.[14]

E assim o fez. Única opção de praia do *lado-de-cá-do-túnel*, o Piscinão de Ramos foi construído em 2001 à beira da praia homônima – morta, a pouca distância de um *tradicional* ponto de desova de cadáveres. Recebendo até 80 mil banhistas,[15] não dá vazão. Além disso, é pouco acessível, seja pela ausência de transporte ou pelas disputas territoriais entre facções rivais do entorno.

14 Fala de Maria Luiza Nunes dos Santos, vendedora em Ipanema. In: Ferreira dos Santos, J. (4 de novembro de 1984). Nuvens suburbanas sobre o céu de Ipanema. *Jornal do Brasil*, Caderno B, capa.

15 Finotti, I. (14 de dez de 2019). Com pastel a R$ 1 e chope a R$ 3, Piscinão de Ramos é atração no Rio há 18 anos. *Folha de S. Paulo Online*: https://www1.folha.uol.com.br/cotidiano/2019/12/com-pastel-a-r-1-e-chope-a-r-3-piscinao-de-ramos-e-atracao-no-rio-ha-18-anos.shtml.

Na Zona Norte, a resistência ao verão assume localmente a forma de banho de caixa d'água, mangueira, tanque ou piscinas instaladas nas lajes ou calçadas. Tal como no caso das jornadas rumo às praias, as representações de tais práticas pelos meios de comunicação assumem invariavelmente a ridicularização da precariedade. Não obstante, associando-as ao *gato* em canalizações da CEDAE e ao patrocínio criminoso, o embate sobre apropriações do espaço público serve como argumento para o discurso de sufocamento do lazer marginal.

No Jacarezinho só há uma opção.

***

O *Buraco do Lacerda* é uma passagem de nível semienterrada que conecta o Jacaré à Avenida Suburbana, um dos principais eixos da Zona Norte da cidade. Aberto em 1964 para facilitar o escoamento do então segundo maior distrito industrial da cidade e contornar a eletrificação do Ramal Auxiliar da Central, é uma das muitas marcas viárias do governo Lacerda [1960–1965] que permeiam o Rio do 474.

A existência do *Buraco* está desde sempre atrelada a problemas de drenagem, seja pela falta de manutenção das bombas, seja pelo seu roubo.

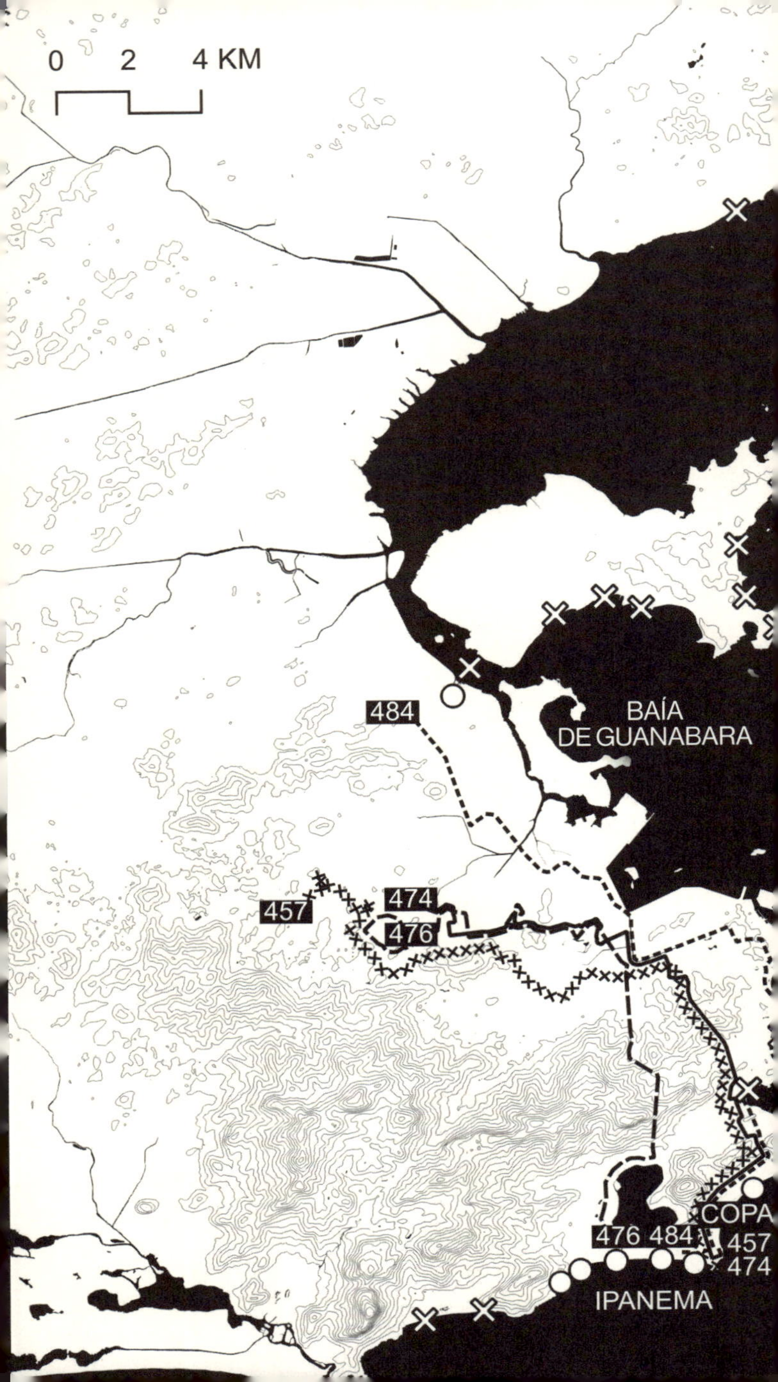

0 2 4 KM
BAÍA
DE GUANABARA
484
457
474
476
COPA
476 484
457
474
IPANEMA

PRÓPRIA
IMPRÓPRIA

“Aqui, choveu, fodeu”, nas palavras do dono de uma das biroscas vizinhas à passagem. A travessia no tempo seco já suscita cuidados: há crateras tanto no asfalto quanto na laje que sustenta o caminho de ferro, com iminência de desprendimento de pedaços do concreto.

Não há luz, uma vez que os cabos de energia são frequentemente furtados e derretidos em fogueiras nos arredores para se extrair o cobre, espalhando pelo ar um cheiro contínuo de borracha queimada. Nem o sol do Rio é capaz de fazer evaporar a água preta que se acumula eternamente em poças no fundo da passagem, alimentadas continuamente por afloramentos nas paredes.

O espaço do *Buraco* é de tal maneira repulsivo à vida que os pedestres preferem atravessar por cima, entre os trilhos, através de duas interrupções no muro da linha do trem. Pela escala e maneira que se apresentam, arestas vivas e rebocadas, as passagens dão nota de uma *improvisação oficializada*, não se configurando como mais uma fresta feita à marreta pelos moradores para encurtar caminho ou driblar o pagamento de passagem. Tal aspecto é confirmado pelo caminho pavimentado que conduz à travessia, em melhor estado de conservação e com o dobro de largura em relação ao que desce em direção ao *Buraco*.

Este cruzamento à superfície corta perpendicularmente a Cracolândia do Jacarezinho, a maior da cidade. Sua extensão flutua ao longo do caminho de ferro, estando, no entanto, sempre centrada sobre o *Buraco*. O muro e seus recortes servem de suporte e abrigo aos usuários, que instalam colchões e barracas tangentes à passagem dos vagões dos trens. Muitos destes *cracudos* tiram seu sustento catando sucata em outras partes da cidade, vindo ao Jacaré para negociá-la nos ferros-velhos e comprar as pedras. O 474 é seu principal modo de ir e vir, o que valeu à linha o apelido de *quatro-sete-crack*.

A cada chuva de verão, o Rio Jacaré, que corta o bairro ao meio, transborda, e o *Buraco* empoça. Neste espaço fronteiriço abaixo dos trilhos surge um *necro-aqua-parque*. Sob os cabos de alta tensão, os muros e ônibus bloqueados pela enchente tornam-se trampolins. A piscina efêmera de esgoto, onde crianças boiam ao lado de copos de Guaravita com crack, é a única opção de lazer aquático no bairro.

Jacarezinho, Manguinhos, Maré: os topônimos da região estão todos intimamente relacionados à água. Desaguando na baía, o Rio Jacaré, assim como o 474, é uma das veias abertas deste território. Todas estas comunidades têm seu desenvolvimento atrelado ao curso de suas águas podres, como atestado pelo nome da favela Rato Molhado. Tomar banho de merda é a materialização de um projeto articulado da violência que impacta os pobres na cidade. Contra essa política de morte, o 474 emerge como anti-herói e única saída possível dos bairros-cativeiro.

6129

TEMPOS

O 474 roda 24 horas por dia, sete dias por semana. A estridência das viagens do *Sábado de Sol* só é possível de ser compreendida a partir da leitura global das estruturas temporais construídas *pela* e *sobre* a linha.

Cada tempo do ônibus representa uma heterotopia[16] própria, atribuindo ao veículo e à cidade percorrida diferentes significados, apesar dos extremos da linha e espaços internos e externos serem materialmente os mesmos. Esses tempos são cíclicos, com as caravanas do Jacarezinho à praia repetindo-se todos os finais de semana de verão desde 1984, data em que foram pela primeira vez indexados pela imprensa *ônibus vindos do subúrbio*, *praia* e *crime*.[17]

16 Foucault, M. (1967). *Of Other Spaces, Heterotopias. Architecture, Mouvement, Continuité*. 5. Paris: Moniteur, p. 46-49.https://foucault.info/documents/heterotopia/foucault.heteroTopia.en/.

17 Redação (26/03/1984). Repressão a ladrões de praia prende 50 banhistas. *O Globo*, *Grande Rio*, p. 7.

1. Dia de Semana

A cada dez minutos, um 474 cheio e suado cruza o Túnel Santa Bárbara. É a metade da viagem, que pode levar até duas horas e meia até o ponto final em Copacabana. A partir da primeira paragem do *lado-de-lá* começa o desembarque: babás, diaristas, domésticas, vendedoras, garçons, porteiros e pedreiros. Entre os sovacos, destacam-se cubos gigantes acoplados às costas: entregadores de delivery que vêm até a Zona Sul pegar a *Bike Rio* para trabalhar, serviço quase inexistente no *além-túnel*.

Da porta traseira, os passageiros se dirigem para os balcões das lojas, das lanchonetes e das cozinhas dos patrões, acedidas por portas dissimuladas em entradas de garagens e elevadores segregados. O barulho do motor é substituído pelo ruído das marretas e das coifas dos fogões. Os espaços e a rotina servil são vividos de pé, desde a espera pelo ônibus no ponto até o retorno à casa, que só com muita sorte será sentado.

A linha é mais uma entrada de serviço da Zona Sul, conectando-a diretamente ao bolsão de trabalhadores pobres e mal remunerados do Jacaré e dos bairros falidos do *além-túnel*. O serviço umbilical prestado pelo 474 permite a leitura do veículo como um corredor e deste

último território como um grande quarto de empregada que, estando do outro lado da cidade, apresenta a vantagem de não estar à vista da porta traseira da cozinha.

O 474, como tantas outras linhas, é um vetor essencial do desenho de exclusão carioca, possibilitando ler a aparente partição sob um único projeto de cidade, de zonas de serviço e zonas sociais simbioticamente relacionadas. É sob o controle pressuposto pela jornada de trabalho e pela necessidade vital de seus serviços que é permitido ao ônibus e seus usuários o movimento pendular entre os Rios.

1
PONTO DE PARTIDA
2
BAILE DO BURACO QUENTE
3
FEIRA DE SÃO CRISTÓVÃO
IPANE
0
1
2 KM

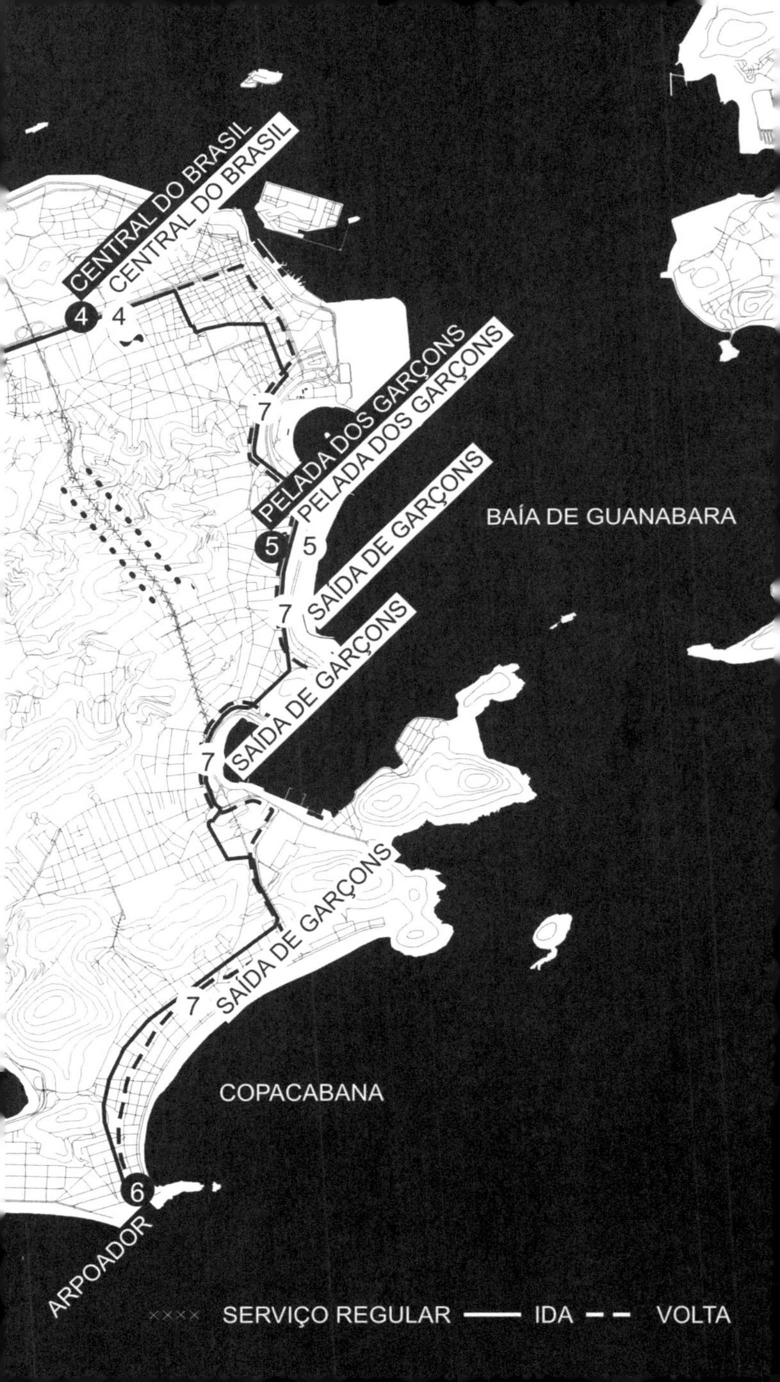

CENTRAL DO BRASIL
CENTRAL DO BRASIL
4
4
PELADA DOS GARÇONS
PELADA DOS GARÇONS
7
5
5
SAÍDA DE GARÇONS
7
SAÍDA DE GARÇONS
7
SAÍDA DE GARÇONS
7
BAÍA DE GUANABARA
COPACABANA
6
ARPOADOR
SERVIÇO REGULAR
IDA
VOLTA

2. *Bacurau e o Banho de Lua*

Bacurau é uma ave de hábitos noturnos e voos ligeiros que batiza o serviço dos dois pilotos que rodam madrugada adentro, todos os dias da semana, de meia-noite às cinco da manhã.

O tempo apresenta um desvio considerável de rota em relação ao percurso diurno. A linha tem seu desenho alongado, evitando vias expressas rumo à Central do Brasil e à Zona Norte para recolher o máximo de *almas perdidas* e empregados da madrugada, notoriamente dos bares e restaurantes de Copacabana e Botafogo. A confiabilidade do serviço permite uma parada na tradicional *Pelada dos Garçons* do Aterro àqueles que o trabalho não venceu.

O serviço transpassa seu papel de *cata-corno*, sendo apropriado como meio de acesso do Jacaré ao lazer noturno da cidade, nomeadamente ao baile funk do *Buraco-Quente*, na Mangueira, e aos forrós da Feira de São Cristóvão, centro de cultura nordestina. Tornada hype, esta última é um dos raros fatores de atração Sul-Norte.

Sem trânsito e ignorando os sinais vermelhos, o trajeto dura em média 35 minutos. O *Bacurau* é também a possibilidade de driblar as blitze policiais. Aproveitando os refletores instalados para os surfistas do Arpoador, os mergulhos de duas às quatro da manhã remetem ao sentido primário do *Banho de Lua*: prática de oxigenação dos pêlos realizado a luz do sol, representativo máximo da suburbanidade para as *Helenas do Leblon*. Acordados pelos gritos e pelas caixas de som, os moradores de Copacabana rapidamente delataram a subversão da madrugada às autoridades.

A volta do *Banho de Lua* também suscita embates dentro do espaço do veículo. O tempo de lazer conflita com o tempo de trabalho: jovens cheios de areia, úmidos e enérgicos opõem-se a garçons em busca de um cochilo.

3. Sábado de Sol

O *Sábado de Sol* é essencialmente um tempo de disputa pelo direito ao banho de mar. O trajeto do Jacaré à praia, destino quase uníssono dos usuários, estrutura uma intrincada rede espacial de lazer, trabalho, controle e conflito. Em uma hora e dez de uma jornada sem ar-condicionado sob 40 °C, o 474 desnuda a ordem da metrópole.

> O projeto colonial não é um projeto vitorioso exatamente porque os subalternizados conse-

> guem incessantemente transformar esse projeto de extermínio em jogo.[18]

A arruaça do 474 no verão faz parte do calendário da cidade. A expectativa pelo *Sábado de Sol* alimenta diferentes ansiedades. As movimentações têm início na quinta-feira, quando o *RJ1*[19] anuncia que o fim de semana vai ser de calor, o alento que aproxima o trabalhador da praia. A nota meteorológica é invariavelmente seguida de um comentário sobre a preparação do Centro de Operações da cidade, do Gabinete de Crise, das câmeras, das blitze, da delegacia móvel da PM, o número de ônibus depredados e menores apreendidos no último sábado. No 474, funcionários são alertados, antecipando-se o reforço da escala e dos carros. "Quando chega assim, quinta, e a Silvana Ramiro fala que vai dar Sol, já começo a meter Alprazolam", confidencia um motorista.

O Rio do 474 no *Sábado de Sol* pode ser dividido em quatro grandes cenários, dois de cada

18 Simas, L. A. (convidado) e Eduardo Somini (anfitrião). (19 de dezembro de 2020). Brasil institucional vive em guerra com a brasilidade [episódio de podcast]. *Ilustríssima Conversa. F. de São Paulo*. https://open.spotify.com/episode/5MBa27H3scJQxncrJWiyq4.

19 N.E.: Primeira edição do telejornal local da TV Globo Rio, *RJTV*, transmitida de segunda a sábado às 11h45.

lado do Túnel Santa Bárbara. Do universo das cinquenta paragens efetuadas pelo veículo, são destacados dez episódios cíclicos de uma viagem em que tudo pode acontecer, inclusive nada.

LINHA CIRCULAR
VIADUTÓPOLIS
1
12
2
3
4
PONTO DE PARTIDA
SORVETERIA COLEGIAL
SINAL VERMELHO
CALOTE
HEL
0
1
2 KM

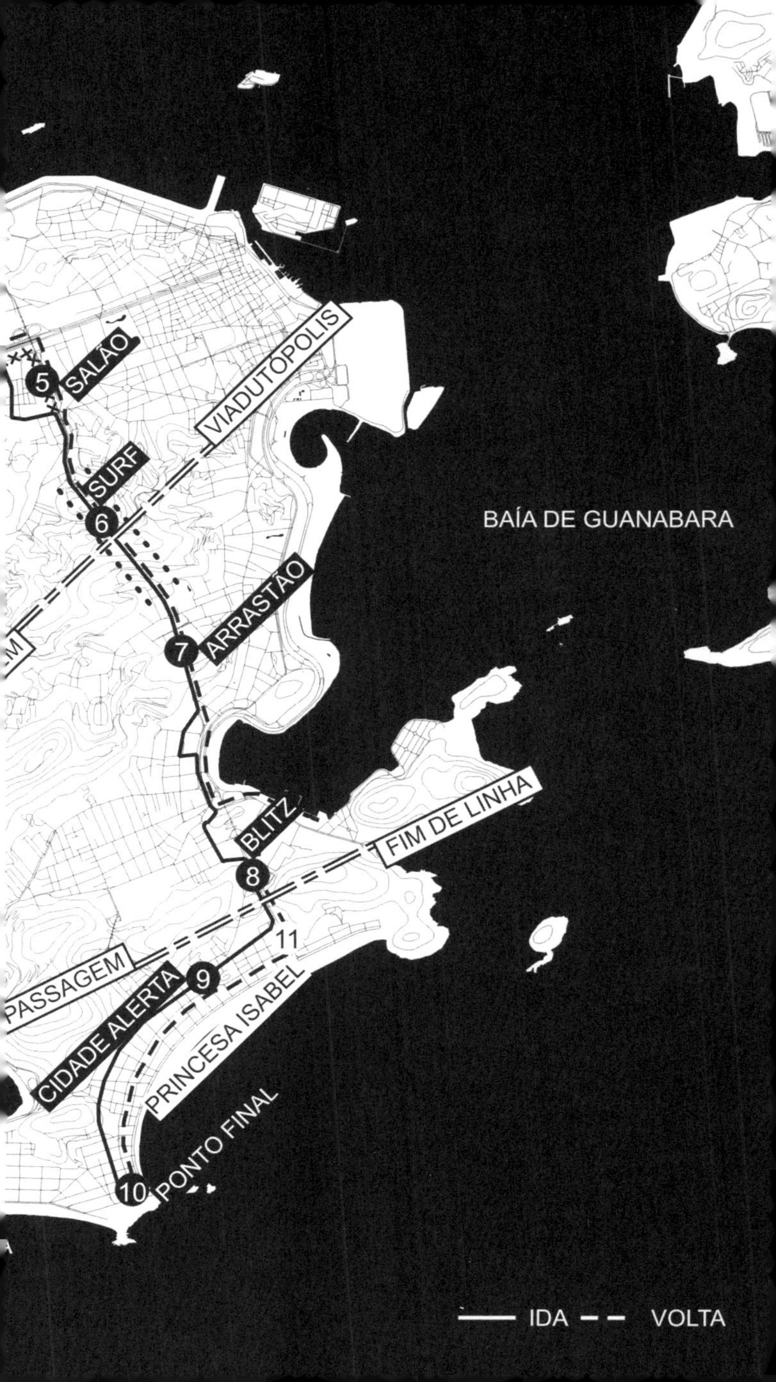

BAÍA DE GUANABARA
5
SALÃO
VIADUTÓPOLIS
SURF
6
ARRASTÃO
7
BLITZ
FIM DE LINHA
8
11
PASSAGEM
9
CIDADE ALERTA
PRINCESA ISABEL
PONTO FINAL
10
IDA
VOLTA

O SÁBADO DE SOL

I. *Hell de Janeiro*

Embarcado no Jacaré, extremo da linha, o cenário é conformado por sete bairros do subúrbio carioca, percorridos em toda tradição e decadência. O trajeto pelo *Hell de Janeiro* é testemunha de um território colapsado social e espacialmente pela violência perpetrada pelo Estado, pelo narcotráfico e pelo neoliberalismo.

A crise hiperinflacionária do fim da Ditadura Militar [1964-84] provocou o progressivo esvaziamento do parque fabril de São Cristóvão e do Jacaré, então maiores distritos industriais da cidade. Era no Jacaré dos anos 1980 onde "2 mil empregados [...] produziam garrafas de Coca-Cola 365 dias por ano, 24 horas por dia".[20] A favela do Jacarezinho era então seu bolsão de mão

20 Muniz Thiago, C. (2007). *Rio de Janeiro Operário: memória dos trabalhadores do bairro do Jacaré*. [Dissertação de mestrado, UNIRIO]. Repositório do Programa de Pós-Graduação em Memória Social. http://www.memoriasocial.pro.br.

de obra barata, crescendo simbioticamente por trás dos muros das fábricas e sobre a colina.

À debandada das empresas, seguiram o desemprego e o domínio pelo Comando Vermelho. Nos galpões abandonados e frestas de terreno disponíveis expandem-se ocupações e novas favelas. O fechamento das indústrias ganha também um sentido espacial para além da falência. Para resistir à insegurança do bairro, aquelas que permaneceram acastelaram-se: entaipando portas, construindo guaritas e aumentando os muros, rematados por *cerca de Israel* e cacos de vidro argamassados.

Desta forma, com a redução dos empregos no setor secundário, muitos trabalhadores passaram ao setor de serviços ou a bicos. O 474 se consolidou como a principal porta de saída – senão única – para as ofertas de trabalho.

A linha é o vetor que conecta os centros de bairro depauperados. Aparentemente próximos, esses encontram-se distanciados por grandes extensões de fachadas opacas: vitrines entaipadas de empresas que faliram e muros dos trens da Central do Brasil são uma constante da vista desbotada da janela. Emaranhados de fiações expostas e *gatos* conferem o fecho visual superior das ruas quentes e sem árvores.

Hell de Janeiro é relativamente central na estrutura viária da metrópole – o que explica a forte presença fabril anterior. Contraditoriamente, é isolado da vida dinâmica da cidade, sendo difícil e extremamente cansativo sair dele, tanto por causa do percurso labiríntico do 474 pelos bairros retalhados pelo trem e viadutos incompletos quanto pela espera do ônibus sob o sol.

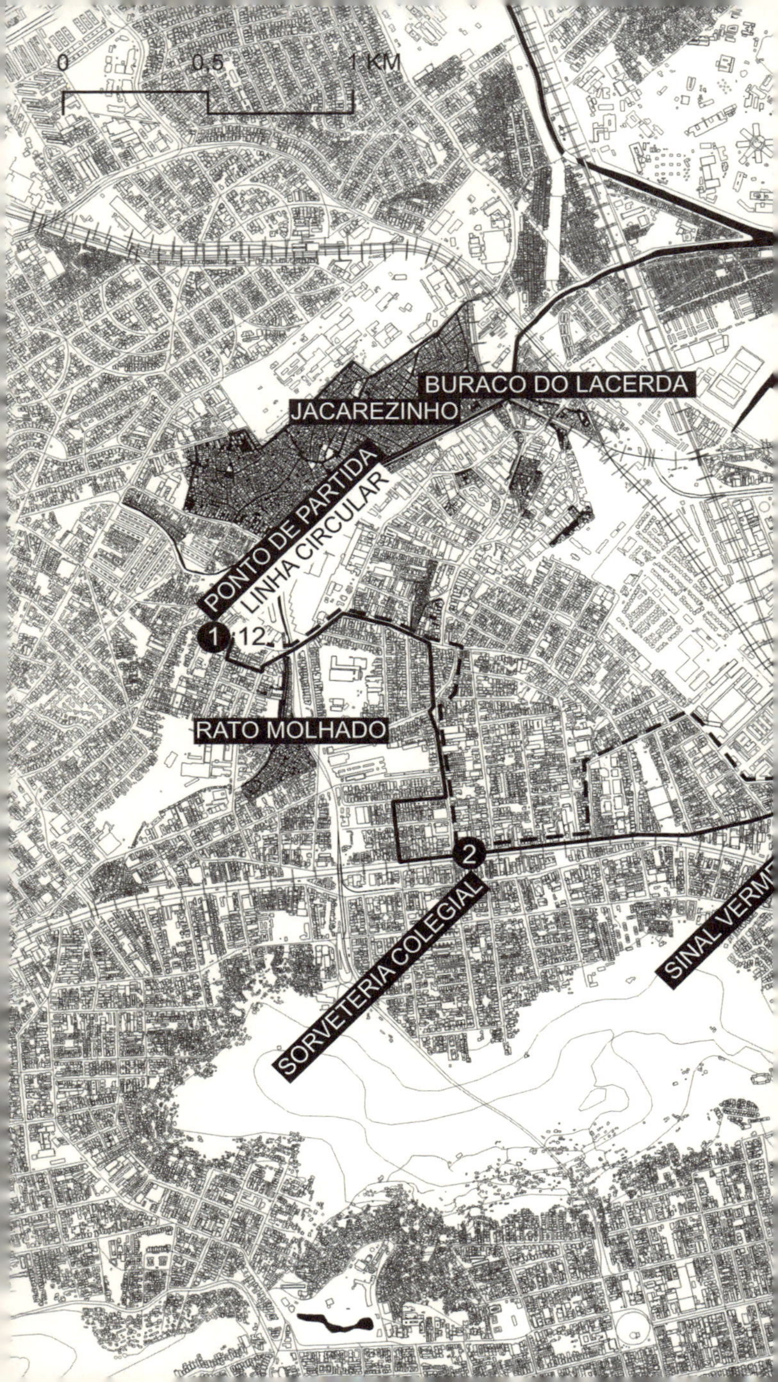

0
0,5
1 KM
BURACO DO LACERDA
JACAREZINHO
PONTO DE PARTIDA
LINHA CIRCULAR
1
12
RATO MOLHADO
2
SORVETERIA COLEGIAL
SINAL VERM

VIADUTÓPOLIS
TUIUTI
4
CALOTE
MANGUEIRA
HELL DE JANEIRO
IDA
VOLTA

1. Ponto de Partida

Para quem chega pelo Largo do Jacaré, uma calçada igual à de Copacabana anuncia o recuo onde está instalado o ponto de partida do 474. Sob uma extensa marquise do edifício vizinho, protegidos do sol já intenso às oito da manhã, os passageiros esperam a chegada do ônibus.

O aglomerado pode ser dividido em dois grupos assimétricos: o maior, composto por famílias com crianças pequenas e casais, e o menor, de trabalhadores do setor terciário, denunciados pelas calças. Para muitos, este não é o ponto mais perto de casa. Embarcam aqui para garantir o lugar sentado até a Zona Sul.

Extremo da linha, é aqui onde os motoristas prestam contas dos horários e passagens recolhidas à empresa, encarnada pela autoridade do despachante. Sua presença é espacializada por um volume em fibra de vidro que lhe serve de escritório e abrigo.

Pela exiguidade de seu dimensionamento, a cabine do despachante aproxima-se da abstração e infinitesimalidade do *ponto de partida* que marca. Sem responder aos requisitos mínimos de habitabilidade, sua configuração expõe a precariedade do trabalho. A necessidade faz com que as atividades não contempladas pelo infame cubículo – quase todas – sejam articuladas pelos arredores, *com jeitinho*.

Aproximo-me e apresento-me à dona M., despachante há dezessete anos. Inicialmente com uma desconfiança típica de inspetora de colégio: preciso explicar-lhe de onde sou e o que quero ali, detalhadamente. Só oferece abertura e um sorriso quando mostro a carta da faculdade, me oferecendo uma cadeira na mesa alta de botequim sobre a qual organiza um caderno de ponto e contabilidade. Sob o calor de 35 °C úmidos do dia, a cabine de fibra de vidro apertada é um espaço de tortura. O suor é enxugado com uma toalhinha, levada ao ombro, coadjuvante indispensável do uniforme dos motoristas. Sentado, e rapidamente à vontade, noto a ausência de banheiro.

> – Dona M., onde você faz xixi? Não tem banheiro aqui?
>
> – Tinha! Mas os *cracudos* levaram. Levaram o banheiro da gente três vezes, cê acredita? Levaram também meu quadro de luz, agora tô numa burocracia horrível pra *Light* vir aqui me ligar.
>
> – E então, como que você faz agora?
>
> – Agora a gente conta com a camaradagem do dono da birosca dali [apontando para a dire-

> ção de onde vim], o *Boca do Jacaré*. Ele deixa a gente usar na boa, mas é no corre-corre, porque não dá pra deixar aqui sem vigilância.

Para atenuar os efeitos do calor, é preciso trazer um suprimento de água congelada de casa. Nunca existiu refrigerador, mesmo na época em que ainda havia fiação. Também não há meios de esquentar a comida ou mesa para refeições. Nos quinze e vinte minutos de pausa entre viagens, um trailer vizinho é assumido como cantina onde motoristas e despachantes tomam café e trocam conversa fiada. Com vista a estarem presentes na garagem da empresa para rodar de manhã, o dia da maioria deles começou às três da madrugada.

Dona M. indica que a hora de partida chegou. O motorista roda a chave. Não sem antes fazer o sinal da cruz.

> – Na Braso-Lisboa a gente reza pra chover – diz dona M. – E hoje o dia vai ser quente.

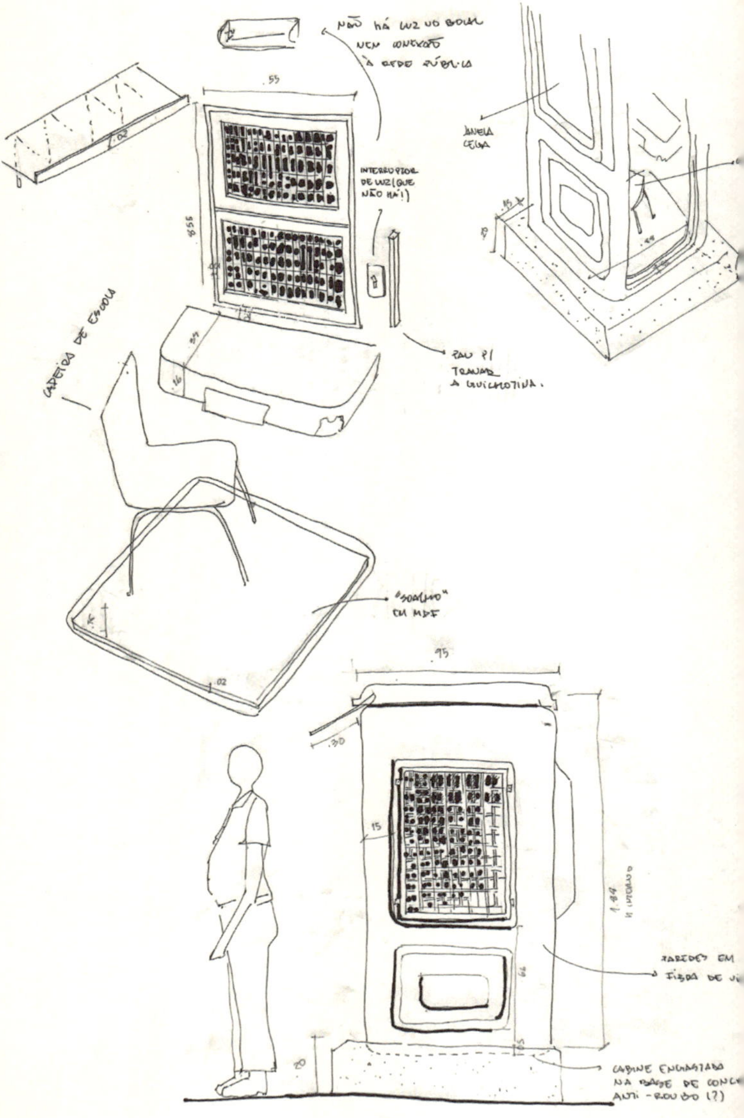
NÃO HÁ LUZ NO BOCAL
NEM CONEXÃO
À REDE PÚBLICA
.55
.02
JANELA CEGA
INTERRUPTOR DE LUZ (QUE NÃO HÁ!)
PAU P/ TRAVAR A GUILHOTINA.
CADEIRA DE ESCOLA
"SOALHO" EM MDF
.02
.95
.30
15
1.84
PAREDES EM
FIBRA DE
20
CABINE ENGASTADA
NA BASE DE
ANTI-ROUBO (?)

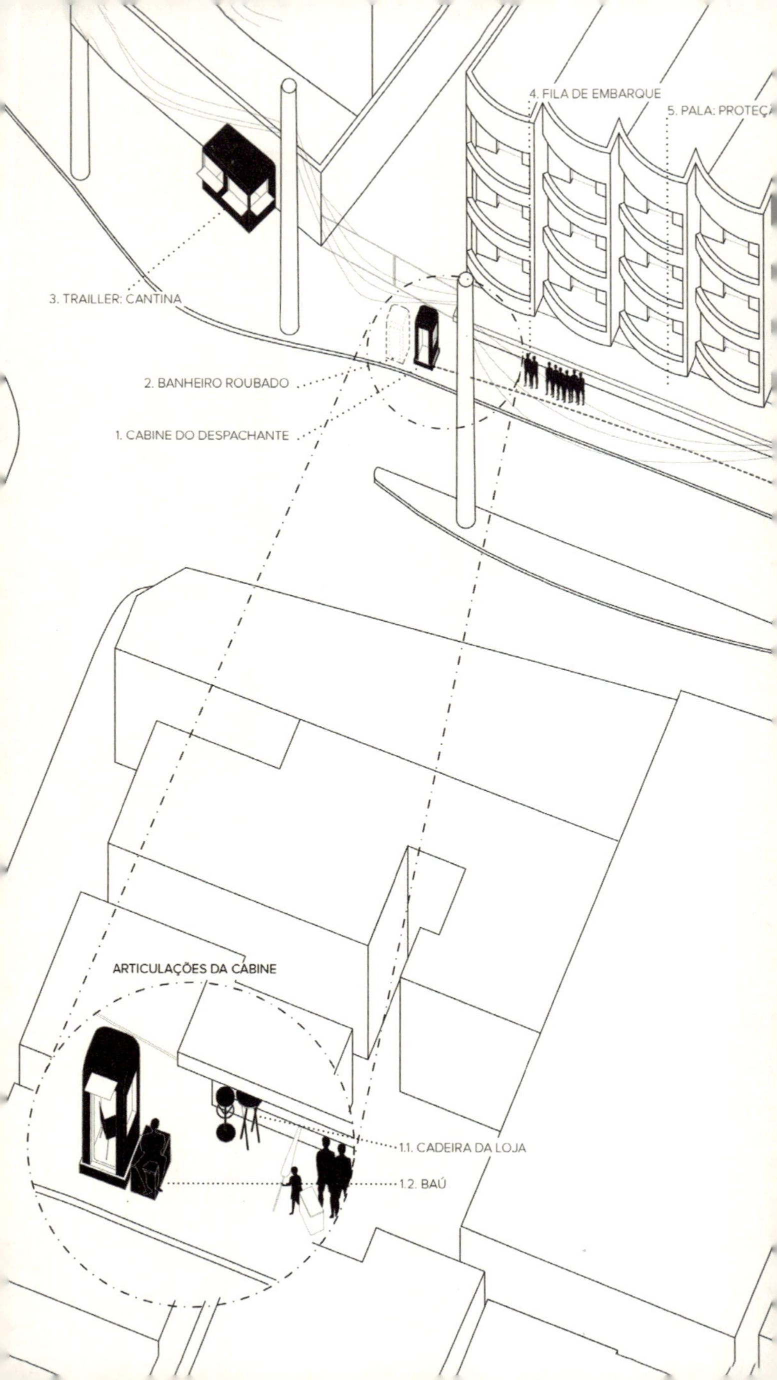
4. FILA DE EMBARQUE
5. PALA: PROTEÇ
3. TRAILLER: CANTINA
2. BANHEIRO ROUBADO
1. CABINE DO DESPACHANTE
ARTICULAÇÕES DA CABINE
1.1. CADEIRA DA LOJA
1.2. BAÚ

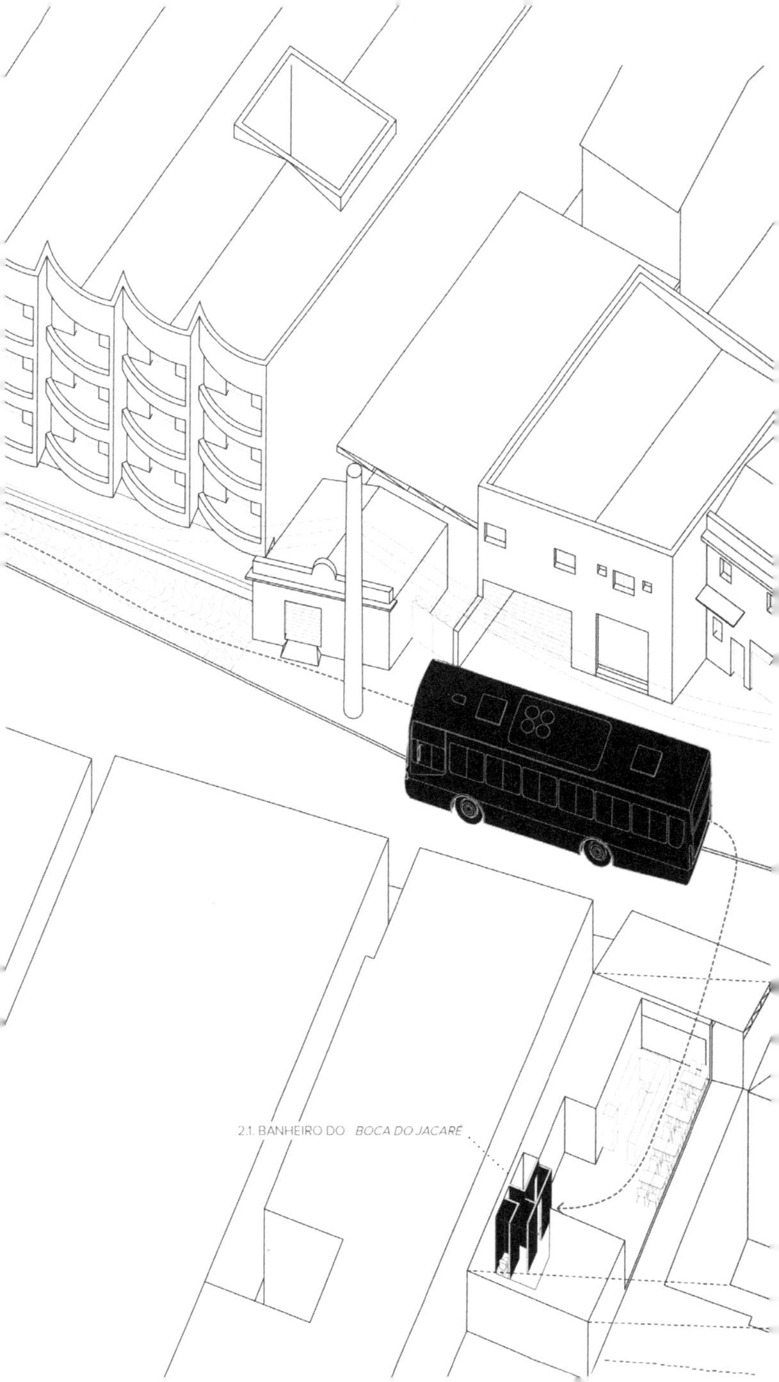

2.1. BANHEIRO DO *BOCA DO JACARÉ*

2. Sorveteria Colegial

Em um centro de bairro onde só restam dois pés-sujos, uma banca que vende de tudo menos jornal e um apontador do jogo do bicho, sobrevive a Sorveteria Colegial. Ocupando duas lojas geminadas em frente ao muro da estação do Riachuelo, sua entrada é demarcada pela calçada revestida com uma cerâmica áspera 30x30 cm cujo desenho reproduz, mais uma vez, as ondas de Copacabana. Para aqueles que passam de trem, um imenso letreiro saturado e colorido faz questão de mostrar que o bairro ainda não morreu.

O espaço é exíguo e não dá à vista que ali são produzidos quase 10 mil picolés por dia no verão. O balcão de venda fica quase no limite da loja com a calçada. Atrás dele, os vendedores se esquivam entre os *freezers* do estoque. Açúcar e perfumes artificiais adquirem tridimensionalidade. Um cheiro de picolé de chiclete sobe pelas paredes, revestidas por azulejos brancos pasteurizados.

Os vendedores ambulantes asseguram a distribuição do *Colegial* pela cidade, apoiados sobre dois vetores de transporte que passam em frente à fábrica: a linha da Central do Brasil e o 474, com o qual se alcança a praia. Tais modais espacializam o recorte de consumidores da marca.

A informalidade do trabalho dos ambulantes e a sua precariedade tornam-se tangíveis pelos desafios no transporte dos picolés até a areia. Tendo que assegurar que eles não derretam no trajeto infinito e quente, a carga de gelo seco é quase igual àquela de mercadoria.

Dentro do ônibus, o isopor, revestido com fita Durex para aguentar os impactos do percurso, é posicionado no espaço reservado a cadeirantes, assumido como zona de transporte de cargas. A entrada é feita pela porta traseira, por onde se evita a barreira das roletas. A passagem é paga em picolé, em gratidão à camaradagem do motorista, que acha um "esculacho cobrar de quem fica o dia inteiro na praia e não dá um mergulho".

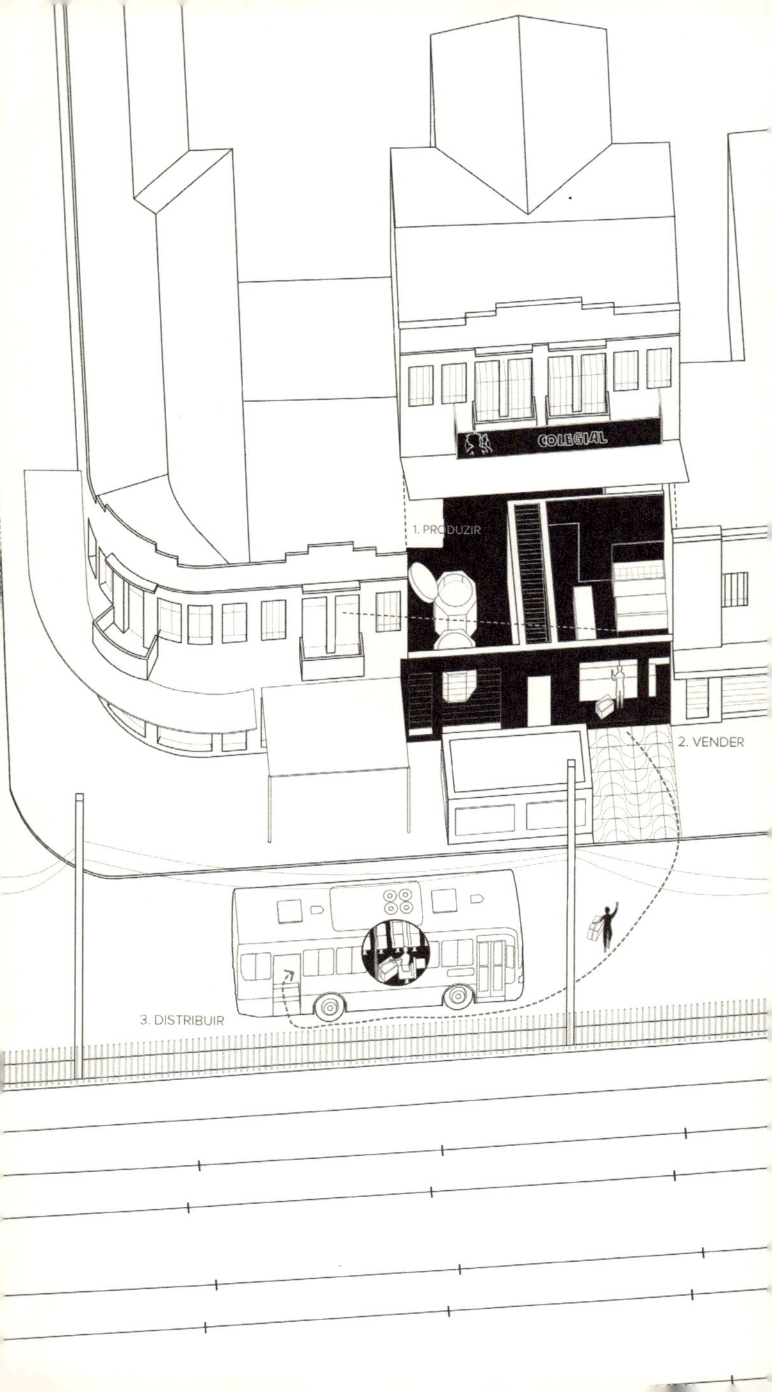

COLEGIAL
1. PRODUZIR
2. VENDER
3. DISTRIBUIR

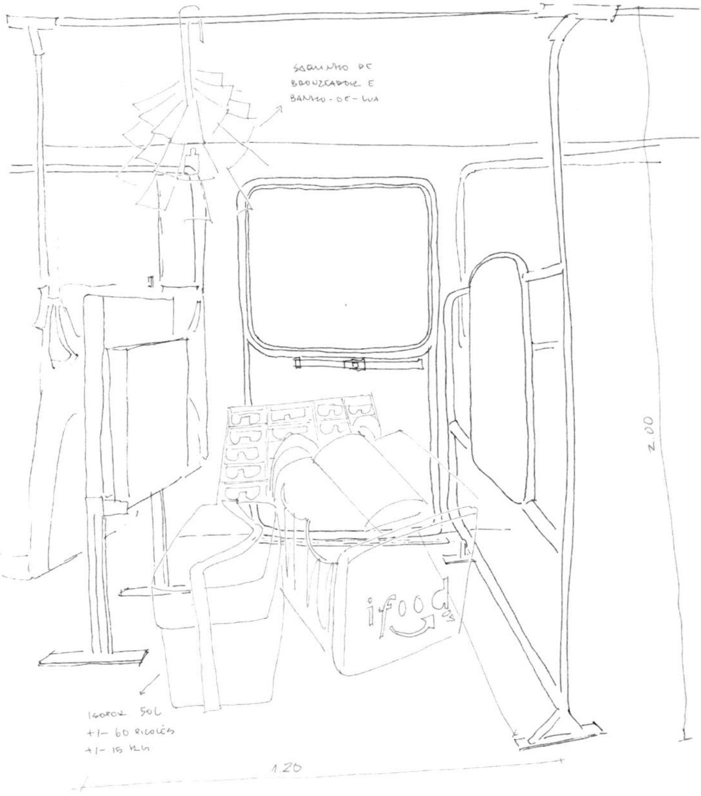
SAQUINHO DE
BRONZEADOR E
BANHO-DE-LUA
ifood
ISOPOR 50L
+/- 60 PICOLÉS
+/- 15 KG
1.20
2.00

3. Sinal Vermelho

Para o 474, o tempo à espera no sinal não corresponde necessariamente ao aparecimento do verde para o prosseguimento da viagem. Ainda sob controle do GPS mas longe do despachante, são estabelecidos pelo motorista um espaço e um tempo próprios ao seu restabelecimento, quase nunca satisfatoriamente conseguido na pausa antes da partida.

Uma *fezinha* no bicho, uma ida ao banheiro, um café. Se não há muito tempo, ele nem precisa se levantar do banco. Em movimento, já abre a porta e grita o pedido de coquinha gelada e coxinha, prontamente atendido por um ou outro lado da rua, a depender das amizades.

A janela torna-se balcão, não só para o motorista; passageiros também aproveitam a oportunidade. Para aqueles que se esqueceram de trazer de casa, essa é uma das últimas chances para comprar água, frutas e biscoitos para passar o dia, escapando aos preços mais caros praticados na Zona Sul. As trocas, acordadas aos berros entre janela e calçada, são realizadas em sobreposição ao trânsito que desvia do ônibus, aparentemente em pausa.

4. Pedregulho

A chegada ao Pedregulho é tensa. O ônibus tenta passar direto, mas é bloqueado por uma multidão que ocupa a rua, forçando o veículo a parar. A paragem fica localizada na garganta entre dois morros – Mangueira e Tuiuti. Dois módulos de ponto de ônibus para duas favelas inteiras que descem para ir à praia.

Sobre a calçada esburacada, um ponto de mototáxi faz a conexão para os pontos mais altos das comunidades. Continuamente ouvem-se as buzinas que trazem freneticamente mais e mais passageiros para embarcar no 474, a qualquer custo, preeminentemente nenhum. O gasto em passagens para um dia de praia numa família de quatro pessoas é de R$37,60, consumindo 75% de todo o valor de um dia de trabalho pelo salário mínimo: R$50,60.[21]

O calote ocorre desde o primeiro ponto após a partida, sem a vigilância do despachante e a partir de onde ficam "a sós o motorista e Deus". Entretanto, nada que chegue à escala do que se passa no Pedregulho. Estima-se que, em viagens do fim de semana, até 70% dos passageiros embarcam no *0800*, a maioria deles entrando nesse *Ponto Abençoado*, apelido dado

21 Calculado com valores vigentes em julho de 2025.

pelos motoristas às paragens mais estressantes da viagem.

Aqui, todas as aberturas se tornam entradas. As roletas são o principal obstáculo a vencer. Pular, rastejar por baixo ou um compromisso intermediário de pagar uma passagem e se esmagar em dois no torniquete. A porta traseira é arrombada, e até pelas janelas, cujo parapeito está a 1,80m do chão, entra gente.

Dominando o veículo e cercando o piloto, que daqui em diante vira refém, exige-se que se troque o letreiro do ônibus para *Garagem* ou *Especial*. O ônibus não pode parar mais no caminho até a Zona Sul. O 474 está completo.

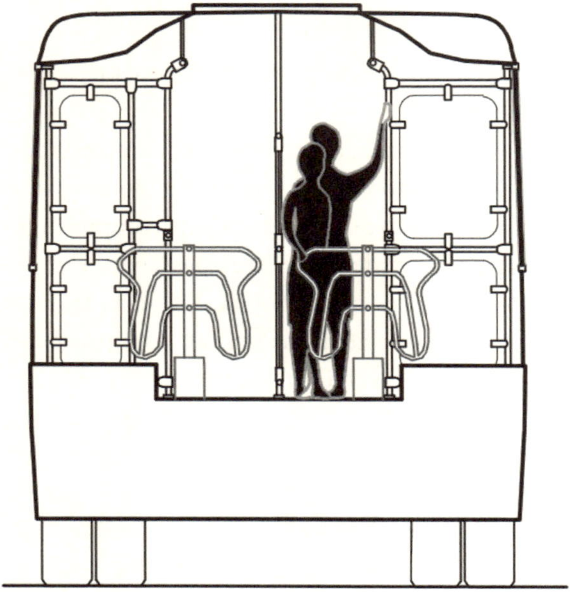

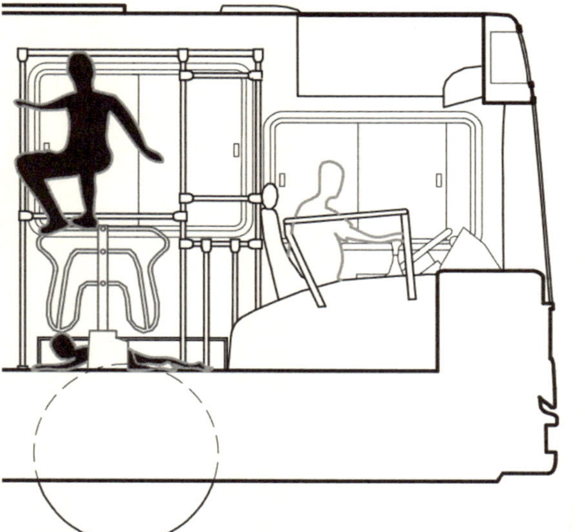

0
0,5 KM
VIADUTÓPOLIS
HELL DE JANEIRO
5
SALÃO
SURF
6
VIADUTÓPOLIS
PASSAGEM
×××× SERVIÇO REGULAR
IDA
VOLTA

II. Viadutópolis

A mudança de cenário é anunciada por um súbito sombreamento e eco. Acima do veículo, elevam-se duas pistas expressas da Linha Vermelha, cujo peso é sentido pela envergadura e ritmo dos pilares que passam pela janela. *Viadutópolis* oferece uma alteração de escala, perceptível pelo volume do trânsito e pelo dimensionamento das vias que se sobrepõem à rota do 474.

Zona de transição expressa herdada do Plano Doxiadis, o cenário é desenhado pelos macroeixos rodoviários da metrópole que conectam a Zona Norte e o outro lado da Baía ao Centro e ao sul. Vista do ônibus, a cidade aberta é também cidade morta, com o trajeto tangenciando bairros liquidados pela implantação dos viadutos.

Grande nó de entrada da cidade, era aqui que o governo municipal pretendia embarreirar a linha, desviando-a para o Centro e forçando uma baldeação para seguir viagem até a Zona Sul. Impedir a continuação e o acesso dos moradores do Jacaré aos bairros do *lado-de-lá* valia-se de um duplo discurso *bem-intencionado*: racionalizar os trajetos dos ônibus para melhorar o trânsito na cidade e coibir arrastões, protegendo o cidadão de bem do *inimigo-inter-*

no-do-além-túnel. Pelo evidente caráter elitista, a proposta foi abandonada.

Antes de apontar em direção ao Túnel Santa Bárbara, o 474 insiste em um desvio pelo Catumbi, em um "prolongamento *empata-foda* que só interessa ao dono da empresa". O trajeto *cata-corno*, onde sabidamente não entra ninguém, é rapidamente sustado por gritos de comando: *é expresso, piloto!*

Coagido mais uma vez pelos passageiros, o motorista embica em direção ao viaduto, finalmente acelerando e passando a quinta marcha, integrando-se à velocidade da via expressa. A vista do Cristo Redentor por baixo dos sovacos suados, privilégio para os que se sentam junto às janelas do lado direito, confere o alívio da aproximação à *cidade-cartão-postal*.

5. Salão

Por mais que a velocidade faça com que o motor do ônibus trabalhe e grite mais, os berros entre grupos de amigos e os funks que saem das caixas de som, umas mais portáteis que outras, acabam por superá-lo como trilha sonora da viagem. A disputa entre músicas passa da sobreposição de volume aos corredores.

O primeiro desafio é abrir espaço na multidão, de maneira a tornar os movimentos possíveis. Surge uma arena de passinho. Os funks tocados são majoritariamente marginais ao grande mercado fonográfico, gravações caseiras upadas no *SoundCloud*. Um som metálico do clique das latas de cerveja começa a ser ouvido, negociadas a *três por dez*.

O olho mareja, e um cheiro forte de água oxigenada sobe. Com mais meia hora até Ipanema pela frente, alguns jovens adiantam os preparativos do *banho de lua* para o *nevou*, ou, como a tradição do Jacarezinho e de outras favelas conhece, do *loiro pivete*. A aplicação vem pronta de casa, em potes reaproveitados da *Niely*. A aplicação aproveita o desnível com os bancos mais altos, montados sobre as rodas do veículo. Dois a dois, o produto é aplicado, em uma velocidade quase industrial. O excesso vai para a sobrancelha e o bigode. Um salão de beleza paralelo ao salão de festa.

6. Surf

O surf rodoviário subverte a superlotação em um lazer suicida. Erradicado dos trens da Central do Brasil, onde fizeram fama e mortos nos anos 1980 e 1990, os surfistas do asfalto subsistem nas caravanas do fim de semana – nomeadamente 474, 476 Méier-Leblon e 483 Penha-Ipanema. De forma a contornar o calor e a completa saturação espacial do veículo, alguns passageiros se organizam em grupos para arrombar as escotilhas de ventilação da cobertura.

É preciso bastante força e equilíbrio para alcançar as aberturas, na maioria dos casos, elas são forçadas por pontapés. As barras horizontais de apoio desempenham o papel de barras de ginástica. No teto, ficam as marcas de sola do Kenner. Montar nas costas uns dos outros ou escalar bancos e catracas também são opções, todas elas a oitenta quilômetros por hora.

Subjugando simultaneamente ônibus e cidade, o usuário tem uma vista dinâmica de 360° da escala metropolitana do trajeto. Aos seus pés, o teto oferece a cidade centralizada sobre si, revelando perspectivas não apreensíveis pelo recorte controlado da moldura da janela, bloqueada por corpos amontoados. Cruzando o túnel, estreito e baixo, o *bafo* remata a sensação de atravessamento de um portal místico que rompe o muro entre dois Rios.

174 COPACABANA

III. Passagem

O ar e a luz mudam depois do túnel. Prolongamento da estrutura de *Viadutópolis*, *Passagem* é escancaradamente mais abastada, aspecto tangível pelo zelo paisagístico na implantação das infraestruturas. Pela janela vê-se que não há mais emaranhados de fios sobre as ruas, arborizadas. O *bafo*, por sua vez, é um pouco menos inclemente, devido à proximidade do mar.

Enquanto o cenário anterior é percebido como porta de saída, *Passagem* impõe-se como a antecâmara onde o passageiro do 474 sente o choque da desigualdade de uma cidade partida. O cenário é conformado por dois bairros, Laranjeiras e Botafogo. Antigos redutos das elites da República, seus solares deram lugar a espigões para a classe média tradicional carioca, seduzidas pela vantagem de estar no meio do caminho, entre o Centro e a praia, a *série B* da Zona Sul.

O sentimento de passagem por uma terra estrangeira é reforçado pelo fato de nenhuma das partes desejarem estar ali. Do 474, ninguém desembarca nesse cenário de praias poluídas da Baía da Guanabara. Muito menos embarca, o que, teoricamente, acabaria por tornar o trajeto em direção à praia mais expresso.

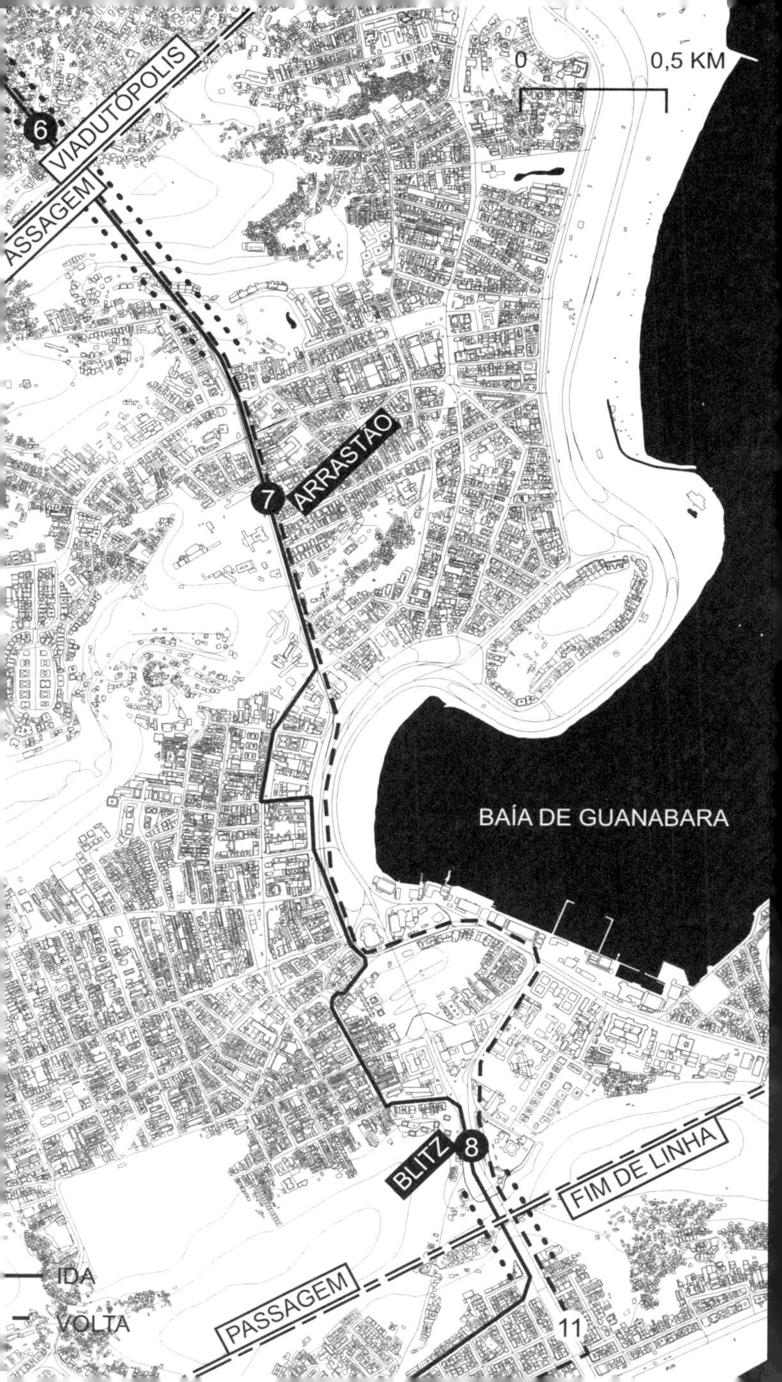

0
0,5 KM
6
VIADUTÓPOLIS
ASSAGEM
7
ARRASTÃO
BAÍA DE GUANABARA
8
BLITZ
FIM DE LINHA
PASSAGEM
IDA
VOLTA
11

7. Arrastão

Um senso de autoproteção toma as pessoas no ponto assim que escutam e veem o 474 descer o viaduto que sai do túnel. O ônibus é de fácil identificação. Se o letreiro ainda não é legível, os surfistas no teto encarregam-se de anunciá-lo à Zona Sul.

Além das escotilhas de ventilação, as alavancas de emergência das janelas são puxadas, tombando o caixilho para fora. No vão completamente liberado, se penduram alguns passageiros, numa versão mais *light* daquilo que se passa na cobertura do veículo. As janelas são as mais corriqueiras vítimas materiais do *Sábado de Sol*, obstáculo na diversão e comunicação pela cidade.

No curto intervalo entre o avistamento e a chegada do veículo, celulares são rapidamente escondidos em cuecas e sutiãs pelas pessoas que esperam no ponto. A paragem, bloqueada pelo painel publicitário e pela proteção vítrea atrás do banco e o extenso muro do Fluminense, torna aqueles que esperam presas fáceis. Há uma rápida procura por abrigo em pontos cegos ao veículo. O arrastão não espera pela praia.

Dentro do veículo, grupos de jovens se articulam e anunciam ao motorista: "a gente vai descer passando o rodo". Saltando pelos vãos dos caixilhos derrubados, o grupo se enfia em meio ao trânsito, esquivando-se pelas frestas entre os carros e outros ônibus, puxando tudo o que é possível pelas janelas não fechadas dos veículos. Da porta traseira dirigem-se aos pedestres que caminham distraídos na calçada. Os movimentos são orquestrados pela vigilância de um que fica à espreita de dentro do veículo, controlando a hora do grupo voltar e gritando ao motorista a hora de dar partida. É preciso ser rápido, novamente o tempo de um sinal fechado.

Por vezes, assaltados revoltados com o roubo sobem ao ônibus para recuperarem seus bens. Os litígios se desenrolam a partir dos degraus, sendo rapidamente acertados com a enunciação de um "me devolve que eu sou do Jacaré também". Pelo código de ética da linha, *fodido não rouba fodido*.

As relações construídas com o Rio são outras deste lado do túnel. Alheios à cidade que os despreza e os explora, não há empatia que impeça o arrastão. Seguinte ao semáforo, o ônibus passa em frente ao Palácio Guanabara, sede do Governo do Estado. No espaço entre a porta e o último banco do veículo abre-se uma roda no corredor. É o momento de prestar contas e partilhar os lucros.

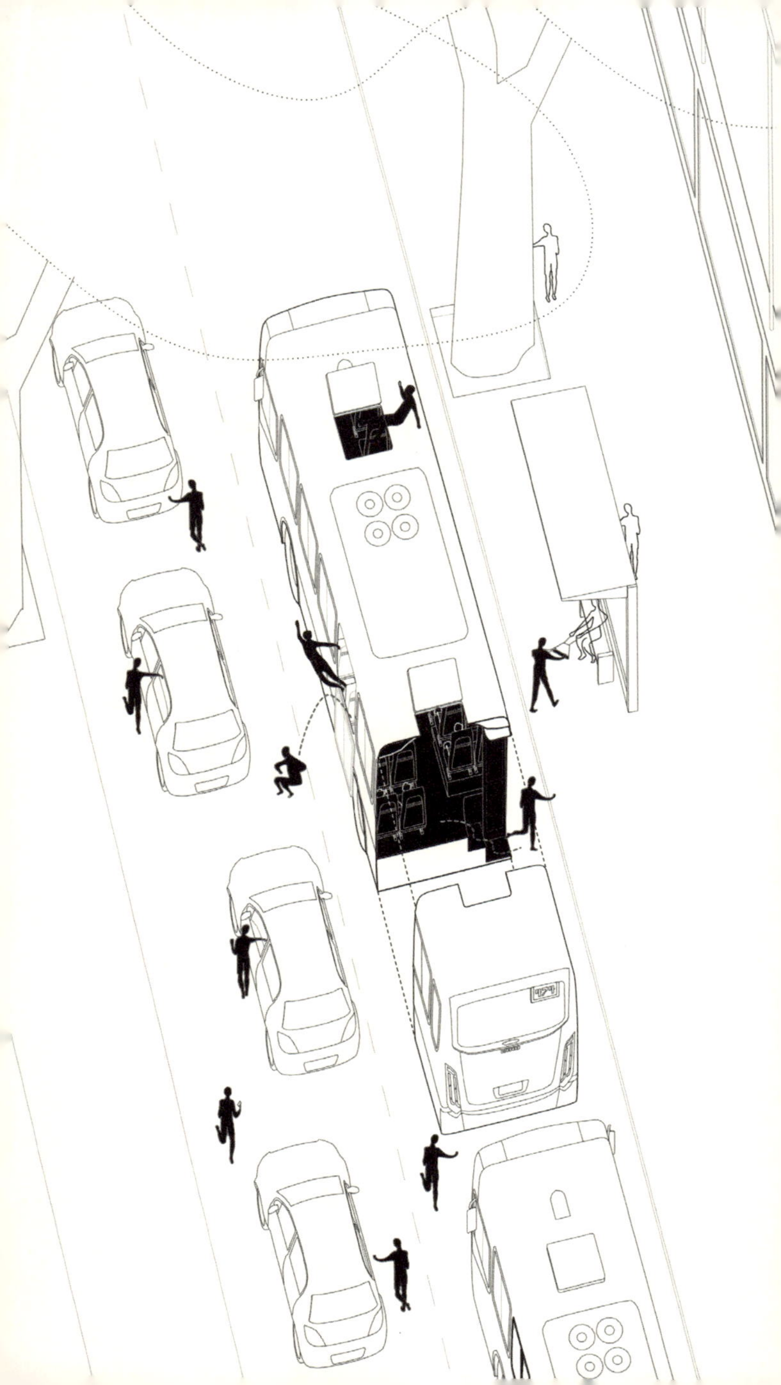

8. Blitz

Ao virar a curva para o túnel que leva a Copacabana, a *Operação Verão* é avistada. Como último portal a ser cruzado no trajeto às praias, nada mais natural que seja aqui o local de instalação de um guichê de imigração pela polícia.

Em clima de *barata-voa*, mas não de surpresa, os grupos se espalham pelos bancos e procuram transparecer naturalidade. Impera o silêncio, mas as janelas, arriadas e penduradas por um fio de aço à carroceria, falam mais alto. O ônibus é parado.

Instaura-se uma incoerente dinâmica espacial. De um lado, a escala e a velocidade pressupostas pelo desenho da via de acesso à orla – exaustivamente referida como ponto central de reunião metropolitana. Do outro, a escala do bloqueio: um carro e quatro policiais fora de forma.

Quase todos os homens negros são retirados e revistados contra a parede do ônibus, resguardada dos olhares dos veículos que passam. Tentar fugir não parece possível. Pulando pela janela, corre-se o risco de atropelamento pelos carros que seguem em alta velocidade. Pelo lado oposto, um acentuado talude impede a subida ágil da colina sob a mira dos fuzis.

Para seguir viagem, é necessário mostrar:

1. Documento de identidade;
2. R$ 4,70 mínimos, valor da passagem da volta.

Parecendo muito suspeito, será ainda necessário averiguar:

3. Antecedentes criminais;
4. Carteira de trabalho. Ironicamente, um documento em formato de passaporte. Peça anacrônica no Brasil precarizado do 474.

Só com a roupa do corpo e a cor da pele, a passagem é negada. O fim da linha é antecipado para muitos, encapsulados rumo à delegacia em um camburão. Com sorte, serão liberados às vinte horas da carceragem, reabastecida durante o dia todo com migrantes do verão. Para o motorista, parado à espera de que a blitz acabe, este é um dos dois momentos de todo o trajeto em que ele pode ver o horizonte, refletido a distância depois do túnel: "Minha mulher é quem vem comigo todo sábado na primeira corrida das seis da manhã pra ver o mar. Eu já larguei desse romantismo".

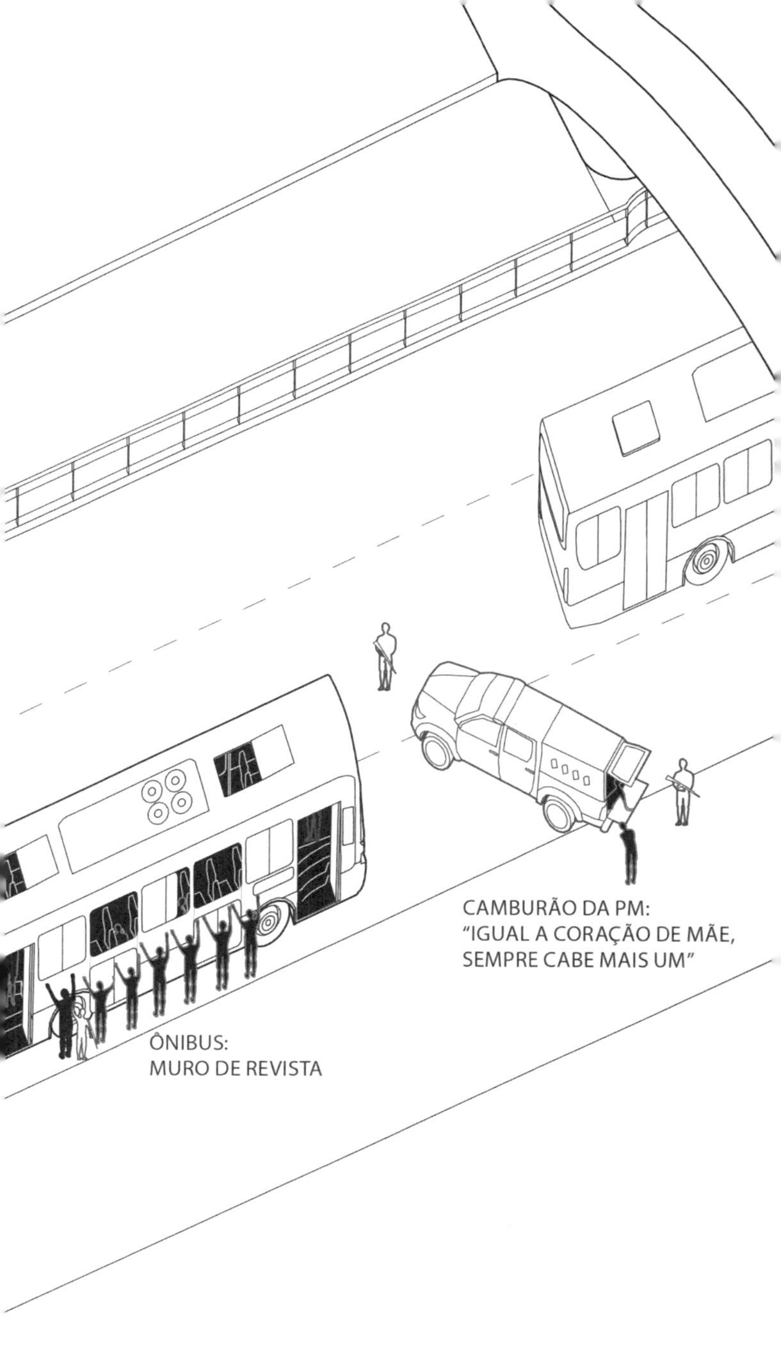
CAMBURÃO DA PM:
“IGUAL A CORAÇÃO DE MÃE,
SEMPRE CABE MAIS UM”
ÔNIBUS:
MURO DE REVISTA

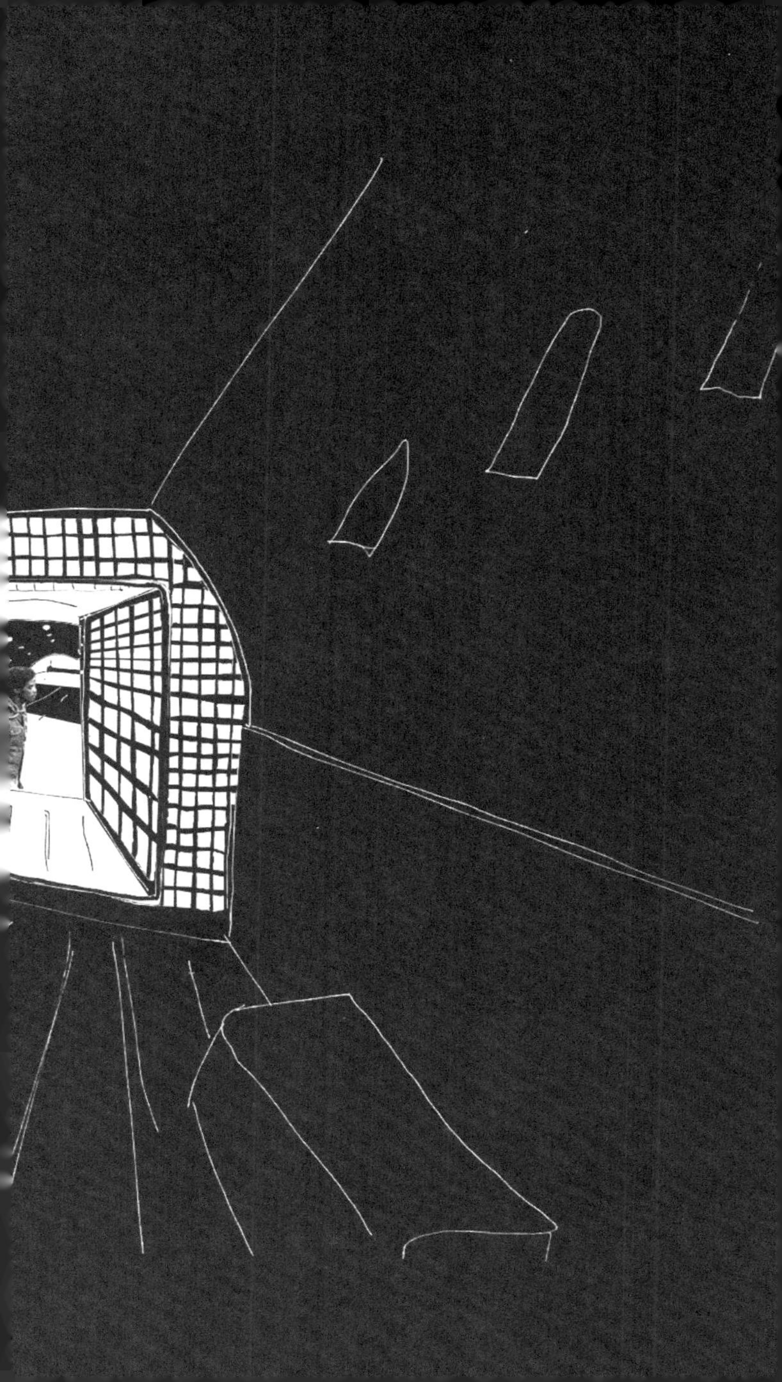

IV. Fim de Linha

> "É a 'linha do terror'. Não vou generalizar, mas todo mundo sabe que é frequentada por delinquentes que vêm para cá cometer roubos e furtos", diz Horácio Magalhães, presidente da Sociedade Amigos de Copacabana. "Não queremos, de maneira nenhuma, que o ponto final venha para cá."[22]

> "Quando trabalhava atendendo chamada, cansei de receber ligação de madame falando pra dar um jeito naquela gente feia que ficava chegando embaixo da janela dela."[23]

Apesar do projeto de cortar a linha antes do túnel não ter ido adiante, dois quilômetros de praia foram retirados do 474, varrendo-o de Ipanema e do Leblon. O encurtamento do Jardim de Alá para Copacabana confirmou para muitos a decadência do bairro enquanto símbolo da cidade.

22 Redação (4 de janeiro de 2016). Moradores de Copacabana protestam contra mudança do ponto final do 474. *O Globo Online*. https://blogs.oglobo.globo.com/gente-boa/post/moradores-de-copacabana-protestam-contra-mudanca-do-ponto-final-do-474.html.

23 Dona M., em depoimento à pesquisa.

Finalmente perto da água limpa, uma brisa distante e o frescor da sombra entram no veículo. A alta densidade da Rua Barata Ribeiro, três quarteirões para dentro da areia bloqueiam qualquer raio de sol.

Fim de Linha é o cenário de desembarque onde o ônibus vai esvaziando progressivamente. Tomada pelo medo dos grupos que caminham dos pontos em direção à praia, Copacabana enclausura-se e protesta pelas janelas. Aprisionados e tendo perdido o bairro para o povão, reúnem-se e expressam suas preocupações num bairro virtual, via WhatsApp ou Facebook, onde o acesso é finalmente controlado.

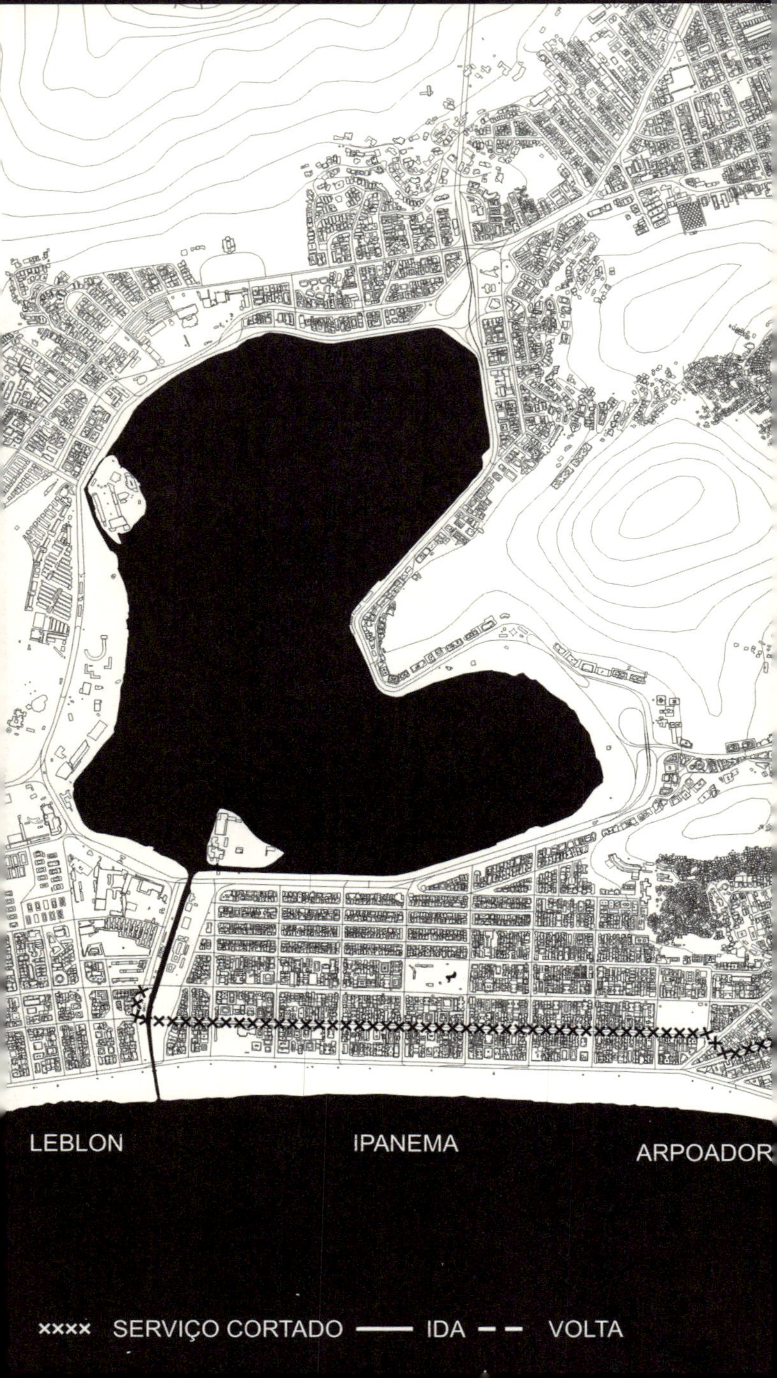

LEBLON
IPANEMA
ARPOADOR
xxxx SERVIÇO CORTADO —— IDA – – VOLTA

FIM DE LINHA
8
PRINCESA ISABEL
CIDADE ALERTA
11
PASSAGEM
9
COPACABANA
PONTO FINAL
10
0
0,5
1 KM

9. Cidade Alerta

De cada parapeito, um vigilante que observa os sub-humanos de uma posição encastelada. Desviando do pinga-pinga dos ares-condicionados, por entre bandeiras do Brasil puídas e faixas pedindo intervenção militar, celulares registram dos apartamentos a chegada de um outro Rio. Do alto dos apartamentos ou por trás das grades, o contato com o 474 é sempre apartado por uma interface: sejam as do celular ou a d'*O Globo* que o entregador deixou mais cedo na portaria.

O ônibus vai sendo seguido em tempo real desde que entra no bairro. Seu percurso é transmitido minuto a minuto por postagens no *Copacabana Alerta*. Alguns sugerem apitos para alertar a passagem do veículo, uma trombeta do Apocalipse em plástico. Pela internet, os *pitboys* anabolizados do bairro organizaram milícias de capitão do mato. No entanto, a essa hora ainda não acordaram.

9 de setembro de 2017 ·

Oi gente! Hj foi a prova de como será nosso verão.... Em frente ao meu prédio , ônibus 474 foi parado com muitos pivetes. A guarda Municipal parou ônibus e tirou os vagabundos com pertences das vítimas. Vi toda cena do início ao fim. Tentaram colocar a pivatada no micro ônibus da GM e veio a cena mais cômica se não fosse trágica... Vagabundo se soltou, correu, montou na moto e fugiu.... Saiu correndo e vazou!!! Sinistro!!! E a GM foi atras dele sabe como? Correndo atrás da moto!!!! Depois que lembram da moto ! kkkkkkk

19 de setembro de 2015 ·

Atenção!

474 acabou de passar na Barata Ribeiro com vários elementos fazendo baderna !

42 26 comentários

Gosto Comentar Enviar

5 de dezembro de 2023 ·

*** CHAMAMENTO ***

Proponho a criação de um grupo de WhatsApp gigante, capaz de criar pelotões de acordo com a disponibilidade de cada integrante.

Objetivo: Colocar ordem em Copacabana!

Lembrando apenas que a proposta não é bater aleatoriamente, muito menos causar medo ou insegurança, é mostrar quem manda no bairro.

Se 100 pessoas aceitarem eu crio o grupo e divulgo aqui.

Garanto que em duas semanas a situação será outra!

1,6 mil 674 comentários

JÁ SABEMOS A HORA, O LOCAL E OS DIAS
SÁBADOS E DOMINGOS ENSOLARADOS, APÓS 17 h,
Av COPACABANA. CRIANDO UMA LOGÍSTICA DE DISTRIBUIÇÃO DE GRUPOS ONDE OS INCIDENTES SÃO MAIS FREQUENTES (ENTRE O COPACABANA PALACE E A PRINCESA ISABEL) É SÓ FICAR ESPERANDO AS VÍTIMAS DA SOCIEDADE SAIREM DA RATOEIRA E PASSAR O CEROL

1 a Gosto Editado 59

Shawn Gotin hj.teve tentativa de arrastão à tarde na Barata Ribeiro na altura da galeria menescal.Nao sei como foi o desfecho. Em torno das 16 : 30

1 a Gosto Editado 9

Ver 1 resposta

melhor não passar essas informações aqui não sabemos quem está no grupo.

1 a Gosto 11

os ônibus 474 do jacaré, sempre com problemas e trazendo baderneiros prontos pra arruaças. Precisam ser detidos

1 a Gosto 9

Ver as 2 respostas

10. Ponto Final

O ponto final do 474 é enclausurado, condição desenhada pela descoordenação do encontro das malhas viárias de Copacabana e Ipanema, pelo costão rochoso do Forte, pelas grades dos imóveis e, sobretudo, pela ostensiva presença policial. Desembarcando aqui, não se vê a praia, cuja direção é sugerida pelos fluxos de pedestres. O caminhar ao longo da rua que leva até o mar é extremamente controlado.

Chegando a Ipanema, destino preferido por quem aguentou toda a viagem devido a sua melhor qualidade de água, o areal, embora materialmente contínuo, é dividido por territorializações simbólicas muito bem delimitadas.

> A aparente homogeneidade nas areias é logo desfeita através de uma observação mais atenta. Moradores da Zona Norte, Oeste e dos subúrbios cariocas não se misturam desavisadamente com os da Zona Sul, pois, apesar da quase nudez, os corpos estão carregados de sinais que expõem sobre o tecido da pele o tecido social.[24]

24 Huguenin Pacheco, F. (2019). *O mito da praia democrática: um ensaio sobre Ipanema, sua bossa e seus banhistas.* Campos dos Goytacazes: Essentia, p. 45.

A praia nesse canto da Pedra do Arpoador não é só a praia do 474. A areia entre os Postos Sete e Oito é um grande ponto final, jocosamente reputada como praia dos favelados e farofeiros vindos das outras caravanas rodoviárias e do metrô, cujas paragens são vizinhas. Uma praia negra, sobretudo. A estação da General Osório marca seu limite, onde se inicia um ecótono de uma quadra até a praia gay.

A territorialização é confirmada pelos limites de atuação dos vendedores de picolé *Colegial*: "Depois dali só compram *Kibon*."

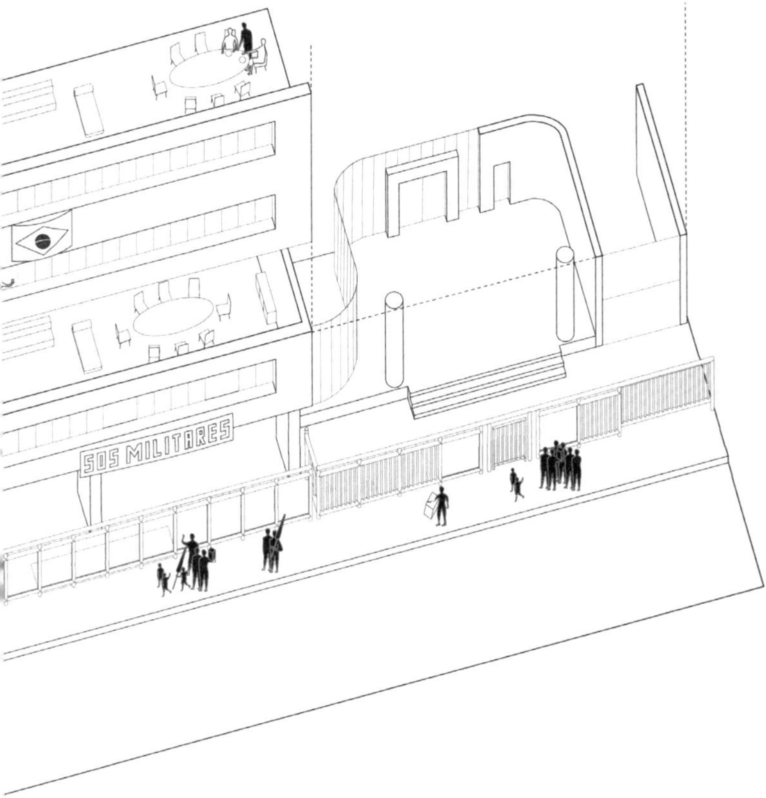
SOS MILITARES

V. O Retorno

A partir das dezessete horas, a Praia do Arpoador começa a levantar. Ir à praia envolve ficar o dia inteiro sob o sol, de modo a fazer valer os percalços da viagem, sobretudo os da volta: cansada, salgada e suja de areia. Os chuveiros improvisados, conectados por bombas à água salobra do lençol freático não dão conta, e a maioria prefere ir direto ao ponto, em uma ânsia de contornar a lotação e conseguir ir sentada até a casa.

O amontoado do ponto final chega à esquina, anunciando com um quarteirão de antecedência a provação que será o retorno à Zona Norte. Há um módulo de paragem para toda a faixa que vai do Posto 6 ao 8. Muitos sentam-se sobre as soleiras das vitrines do shopping, limite interior do passeio. Dentro, enquanto fazem suas compras no ar-condicionado, clientes e vendedores lançam olhares protegidos pelo vidro.

Quando o letreiro do 474 aponta, forma-se uma avalanche humana, direcionada mais ou menos ao local onde o veículo vai parar. Nunca acertando o sítio exato da porta, eventualmente alguém acaba prensado contra a parede. O embarque se faz sob o olhar atento, mas distante, de quatro cavalos e quatro policiais. O calote é imediato pela coação do motorista, que, ameaçado e encurralado em seu cubículo, é obrigado a abrir e deixar entrar pela porta traseira. Nem sempre é possível embarcar, e a espera pode se estender até o pôr do sol.

Dentro do veículo, o chão é lamacento. A areia trazida pelos corpos mistura-se à água, gelo de manhã, que vaza dos isopores esfarelentos dos ambulantes que voltam para casa. As cervejas que sobraram são liquidadas em queima de estoque no corredor. "A latinha tá quente, mas, essa viagem, só mamada", diz uma passageira que traz seus netos e filhos de vizinhas da praia. Os corpos melados de mar grudam no estofado impermeável dos bancos. Um luxo exclusivo para os privilegiados que conseguiram um assento.

A viagem demora mais; todos saem da praia ao mesmo tempo. Se o horário de ida é pautado mais ou menos pelo acordar, a volta segue invariavelmente o fim dos raios de sol. Os engarrafamentos do retorno pendular são agravados pelas blitze nas saídas de Copacabana, que operam sob os mesmos rituais espaciais da vinda. Os episódios se repetem: mais um arrastão em Laranjeiras, outros surfistas no teto e nas janelas.

O retorno para casa garante a praia do próximo fim de semana e do próximo verão. A ciclicidade das caravanas é parte do jogo da cidade, eterno passado-presente sob o qual são construídos os espaços do Rio.

11. Princesa Isabel

O ônibus, abarrotado, vai parando em todos os pontos de Copacabana, lotados. Os 45 minutos para atravessar o bairro moem o que sobrou do dia. O infinito anda e para da Avenida Nossa Senhora não permite a renovação do *bafo* pela velocidade, fazendo o ar interior estagnar sob as luzes brancas que se acendem.

O 474 vira à esquerda e, dando costas ao mar, finalmente chega à Princesa Isabel, a última avenida de Copacabana. Apesar das ameaças, nenhuma gangue com soco inglês e taco cercou o ônibus. Atravessado entre as pistas seletivas tentando alcançar os passageiros que fazem o sinal, o veículo para ao lado do 483, também salgado de praia, retornando à Avenida Brasil.

Dois ônibus, duas facções e duas favelas: de um lado, Jacarezinho e Comando Vermelho, do outro lado, Vila do João e Terceiro Comando Puro. O confronto começa visualmente, com os gestos de CV com os braços pelas janelas; passa aos gritos de "vai morrer" e chega às vias de fato, com *retões desferidos* com o corpo em ponte sobre o asfalto.

"É cachorro morto chutando cachorro morto", comenta baixo a passageira em frente, olhando discretamente para trás. Não olhar é não se envolver. A PM, no limite da avenida junto aos hotéis não se mete. Talvez também finja que não vê. A carroceria arregaçada pela viagem da vinda é vulnerável. Os sacos de latinha dos catadores servem de bloqueio.

Tão rápido quanto começou, a briga se aparta. O sinal abriu.

12. Linha Circular

Mais um *Sábado de Sol* começa. Aparentemente, este vai ser diferente. Terminado o serviço do *Bacurau*, os veículos são trocados, antecipando-se à expectável excepcionalidade do movimento rumo à praia. Com dois andares, o modelo *Caravana* atende em seu layout desde os vendedores, com seus enormes isopores, aos surfistas do asfalto. As catracas estão ali, mas só para quem faz questão de pagar. Com suas imensas janelas e teto panorâmico, o ônibus presta-se a esse dia de turismo do *lado de lá* do Rio.

O 474 é livre para seguir de novo, barulhento e arruaceiro, até o Jardim de Alá, ponto final reestabelecido. Pelo trajeto reconquistado ao longo de Ipanema, vai deixando passageiros que agora dispõem de mais dois quilômetros de litoral à escolha. Respeitando as tribos já estabelecidas na areia, dirigem-se aos ecótonos, infiltrando-se entre gays do Posto 8, maconheiros do Posto 9 e *juventude Zona Sul* do Posto 10.

Na divisa entre Ipanema e Leblon, onde a água da Lagoa é renovada pelo mar, o sol forte sobre o chão reflete para dentro do veículo uma luz vermelha, assinalando a chegada ao terminal. Este não é uma nave em que filas e filas se multiplicam sob um teto metálico preto de fuligem. Trata-se de uma plataforma que, avançando perpendicularmente sobre as ondas, assume o ônibus como centro da praia.

O 474 faz a curva e avança, expandindo-se sobre a linha. Pelo caminho, as crianças pulam diretamente das janelas e do teto em direção à água. Sob as treliças, à sombra, os vendedores descansam. Caixas de som portáteis são agrupadas em paredões cujo funk faz vibrar a estrutura. Dos quarteirões próximos à areia, cartas e comentários afluem para a redação d'*O Globo* e pelos grupos de WhatsApp dos condomínios. É urgente demolir o tapete vermelho construído pra gentalha e fazer do Jardim de Alá um shopping ou devolvê-lo aos desertos canteiros à francesa.

O ponto final aberto torna toda a orla visível a partir do 474 e também o inverso. A posição agora ocupada pelo veículo transforma-o simultaneamente em vigiado e vigilante do panóptico. A apoteose da chegada apresenta-se como síntese de todo o percurso. O terminal inscreve uma cidade noutra, porque, enfim, elas são produtos de uma só lógica.

O ônibus atinge o limite do trajeto. O ponto final é uma rua sem saída. Por mais que avance em direção ao horizonte, a meia-volta e o retorno à terra firme e ao Jacaré são certos. Nessa dobra, o motorista desliga o veículo, roda a chave e sai. Com a calça já levantada para espantar o calor do motor, senta-se à borda da estrutura, numa pausa antes de fazer todo o trajeto de novo, uma outra vez pelo mesmo caminho. Queria ele continuar ali, sem retorno, num *Sábado de Sol* eterno. Mas a linha é circular. É preciso levar areia até o Jacaré.

> Ela disse-me que só mesmo no sonho é que podemos comprar terrenos. No sonho eu via as palmeiras inclinando-se para o mar. Que bonito! A coisa mais linda é o sonho.[25]

25 De Jesus. C. M. (12 de novembro de 1959). *Quarto de despejo*. São Paulo: Ed. Sinal Aberto, p. 120.

RELATOS SELVAGENS

HISTÓRIAS DO 474

O caderno de campo serviu de suporte para o registro das conversas e desenhos realizados ao longo das viagens de 474. Por mais que os registros estejam restritos ao mês de fevereiro de 2022, os depoimentos recolhidos ratificaram a ciclicidade dos eventos referidos neste trabalho.

Escrever e esquissar à mercê do trânsito do Rio e da falta de amortecimento do veículo mostrou-se dos maiores desafios enfrentados pela pesquisa. As conversas, apesar de tudo, contaram sempre com grande boa vontade dos envolvidos, não tendo sido registradas em áudio, só pela escrita. Alguns dos seus trechos figuram no corpo de texto principal. Entretanto, mostrou-se necessária a transcrição das notas completas para uma leitura complementar ao enquadramento do clima interno do veículo.

Sábado, 5 de fevereiro de 2022, 12h15
Botafogo – Riachuelo

Ao me aproximar do ponto, vejo um homem com a cabeça para fora da penúltima janela. Pago e passo a roleta. Nos quatro primeiros bancos, sete crianças de no máximo dez anos, completamente drogadas, grogues de tanto cheirar um líquido de uma garrafa PET. Não sei o que é, ainda. Sinto-me seguro, porque sei que elas não terão pique pra me assaltar.

Destemido, direciono-me ao penúltimo banco. Atrás de mim, no banco de cinco lugares, uma mãe, K. (23 anos) com sua filha pequena. Na outra ponta do assento, uma outra mulher, T. (20). Na frente dela, um homem jovem, descalço e esfarrapado. Drogado, com os olhos fissurados. Não saberei o seu nome, ele será referido como o *Cara*.

O *Cara* me encara sem parar, medindo e orçando o que estou vestindo. Sei que ele quer me assaltar. Começa a falar que não vê a mãe há doze dias e que tem que encontrá-la na Central para ir para casa. Falo que o ônibus não passa mais na Central, mas passa perto e digo onde ele tem que saltar. Ele então pede meu telefone emprestado para uma ligação, clara estratégia para me roubar. Mostro meu telefone de guerra, um Iphone SE todo arrebentado.

> (Cara) porra, velhão! Isso daí ainda liga?"

Ele pergunta onde moro. "Riachuelo", o que faz com que seu semblante mude.

Adianto-me e falo aos três que preciso da ajuda deles para terminar meu TCC sobre o 474. Começo pelo *Cara*:

> (G) Você pega o 474 pra quê, pra ir à praia?

> (*Cara*) Não! eu pego pra roubar mesmo. Pode anotar aí, "pra r-o-b-a". Desço no Posto 4 [em Copacabana] e vou andando até o 12 [Leblon].

As outras passageiras riem da honestidade. K. intervém:

> (K) Sai dessa vida, otário. Depois que roda é feião pra nossas mães que têm que ficar naquela fila, tomando mãozada na xota pra catar telefone. Eu também já caí já, mas esse telefone [tira um telefone do bolso, que mal cabe na mão] eu comprei com meu suor. Tu já caiu também?

O *Cara* levanta do banco e suspende a camisa. Em letras garrafais, tatuado no peito, está lá escrito: 157 – do artigo do Código Penal para roubo. Tomo o *acorda-menina* de ter chegado ao Rio de sempre.

Mudo para a cadeira central no meio das duas mulheres enquanto cruzamos o Túnel Santa Bárbara. Continuo as perguntas. K. pega o 474 para fazer cabelos no Cantagalo, favela onde mora sua tia. Já T. é auxiliar de cozinha em Copacabana das seis às onze e meia. Para não suar a blusa do trabalho que precisa usar no dia seguinte, faz o sutiã de *cropped*. Ambas moram dentro do Jacarezinho e também usam o 474 para ir à praia. Sem pagar.

(T) É claro, mó caro.

É o 474 que as leva também para o Baile do Buraco Quente, na Mangueira, nas noites do fim de semana. Pergunto sobre as viagens em si.

> (K) É na zoação, tem que ter espírito, isso aqui não é passeio de velho. Agora, com a pequena, eu vou mais sossegada, mas antes juntava geral e a gente ia tocando o terror pelo caminho. Mas roubar assim nunca, no trajeto eu nunca fiz não, mas que tem, tem.

Atravessando o Viaduto do Sambódromo, apontei a Central do Brasil para o *Cara*, avisando que seu ponto era o próximo. Ele levanta e olha para o pescoço de K.

(K) Não vai levar não, gordo vacilão.

Quando o ônibus, ainda em movimento, começa a abrir a porta na curva de descida do viaduto, o gordo vacilão puxa o cordão, K. pula sobre mim e impede que ele desça, prensando-o contra uma das portas entreabertas. Ela toma o cordão de volta, suspende o corpo agarrando-se às barras superiores de apoio e chuta o *Cara* para fora do ônibus em movimento, ao mesmo tempo que T. grita para o piloto fechar a porta. "Tu vai rodar, marginal", grita K. pela janela. O vocativo desperta a ira do *Cara*, que corre e consegue subir de novo no ônibus, aproveitando-se da lerdeza do motorista. Começa uma luta no corredor, que dura eternos dois quilômetros até a rodoviária. Com a ajuda de T., o *Cara* é finalmente chutado para fora do ônibus, sob ameaças.

(T) A gente vai lá no Tancredo, tu vai pagar!

Tancredo é a principal boca de fumo do Jacarezinho.

O *Cara* havia ferido uma das principais regras do 474: não roubar *fodido*. Mais tarde, fui ao Centro Espírita tomar o passe anual, e, assim que agachei, ainda sem dizer nada, a entidade alertou:

Dessa vez a gente segurou. Não abuse.

Quarta-feira, 9 de fevereiro de 2022, 14h
Jacaré – Copacabana – Jacaré

No ponto de partida da linha no Jacaré, dirijo-me à cabine, símbolo dos despachantes. Não está sol, mas um mormaço sufocante. Chegando à edícula de fibra de vidro, ouço um chamado. "Tá procurando quem?", grita uma senhora baixinha, cheia de papéis em cima de uma mesa alta de bar embaixo de uma pala. É Dona M., despachante do 474 há dezessete anos.

Dona M. mostra-se a princípio desconfiada, até que apresento a carta das minhas orientadoras. É quando quebra a tensão comentando com um motorista que está em pausa ao seu lado. "Ninguém deve acreditar no que acontece aqui." O roteiro com perguntas, preparado previamente em casa, foi rapidamente respondido e superado, em uma conversa de uma hora e meia.

> (G) Quantos motoristas por dia? Quantas viagens? Quantas horas isso dá?
>
> (M) Vinte e oito, trinta motoristas por dia. Durante a semana o motorista faz três viagens, três bate-voltas. No fim de semana quatro viagens. Dá mais ou menos oito horas de trabalho.
>
> (G) Que caminho diferente é esse que o 474 faz de noite? Eu, quando voltava de festa, reparava que nunca sabia ao certo onde ele ia passar.

(M) É o *Bacurau*! Ele recolhe as almas perdidas da madrugada. Aqueles garçons todos de Copacabana, vem descendo Aterro, Centro, larga um monte ali na Central. São dois carros que ficam rodando à noite.

(G) No geral, a que horas os motoristas começam a trabalhar?

(M) Varia. Se ele pega depois do *Bacurau*, ele tem que sair às seis e quarenta da garagem, para sair às sete horas daqui. Muitos deles moram em Queimados, Maricá e Magé. Então faz as contas. Tem que acordar às três, três e meia da manhã pra trabalhar.

Dona M. para a conversa e tira uma imensa garrafa de água congelada de uma sacola de supermercado que guarda embaixo do banco alto.

(G) Dona M., onde você faz xixi? Não tem banheiro aqui?

(M) Tinha! Mas os cracudos levaram. Levaram o banheiro da gente três vezes, cê acredita? Levaram também meu quadro de luz, agora tô numa burocracia horrível pra Light vir aqui me ligar.

(G) E então, como que você faz agora?

(M) Agora a gente conta com a camaradagem do dono da birosca dali [apontando para a direção de onde vim]. Ele deixa a gente usar na boa, mas é no corre-corre, porque não dá pra deixar aqui sem vigilância.

(G) E como você faz para aguentar o calor?

(M) A gente traz água congelada de casa que dê pro dia. Umas duas garrafas. Quando não tem jeito mesmo, a gente vai ali no trailer e compra.

(G) Você saberia dizer quantos passageiros pegam a linha por dia?

(M) É melhor você ver isso quando for lá [na empresa]. Mas antes dos cortes era na base de 90 mil. Ali ele lotava mais também. Hoje tem 15 mil.

(G) E você sabe dizer quais pontos enchem mais? Isso pode te responder melhor [vira-se para o motorista em pausa, P1, que assume a palavra].

(P1) Olha, na ida é ali, Cidade Nova, São Cristóvão, aí desce na Pinheiro Machado, Rio Sul, Copacabana.

(G) E o Pedregulho?

(P1) O Pedregulho é um ponto abençoado!

(M) Ali pega fogo. Foi lá que mataram aquele motorista, né.

(G) E com relação aos roubos? O motorista é assaltado?

(M) Quase nunca levam o dinheiro do motorista e nem dos passageiros, moradores, né. O pior é vandalismo e calote. Final de semana tem dia de ter dez, quinze ônibus com os vidros todos quebrados, banco partido. Teve uma vez que foram R$800 mil reais de prejuízo. E o pior é que você sabe que os ônibus são novos, tudo novinho sempre, não são aqueles cacarecos. E o motorista é refém. Aqui não dão calote porque eu tô aqui. Mas daqui pra frente é só motorista e Deus.

Sai P1 e chega outro motorista, P2, que pediu para não ser identificado. O carro está atrasado, então o intervalo é curto. P2 é mais velho e mais austero.

(P2) Fazer pesquisa sobre o 474 sentado no banquinho aqui na sombra é mole, te convido a vir aqui meio-dia num sabadão naquele calor.

(M) O P2 é aqui do Jacaré. Quer dar uma volta? Aí, P2, leva ele!

Embarco.

Ao cruzar o túnel do Leme em direção a Copacabana, pergunto ao P2 se ele fica feliz em ver o mar e o horizonte depois de tanto trânsito.

(P2) Não sou romântico assim. De vez em quando minha mulher vem comigo na primeira viagem das seis da manhã, vai ver o mar rapidinho e volta.

P2 aumenta o rádio e começa a cantarolar. "Suedehead", de Morrissey:

(P2) *Why do you come here? And why do you hang around?*

Quinta-feira, 10 de fevereiro de 2022, 10h
Sorveteria Colegial

Sigo o mesmo ritual de apresentação da ida ao ponto final no dia anterior. A senhora que me atende está um pouco esbaforida, responde a pedidos pelo WhatsApp. É Dona Mara.

(G) Quantos picolés vocês produzem? Quantos litros de sorvete?

(M) É uma média, depende do mês. No verão a gente produz muito. Sete batidas por dia, cada batida dá 1.400 picolés. Sorvete são seis batidas, o que dá uma calda de 460 litros por cada. No inverno, a gente reduz pela metade a produção.

(G) Quantas pessoas trabalham aqui?

(M) Três funcionários mais eu e meu primo.

(G) Como é feita a distribuição?

(M) Nós vendemos para alguns restaurantes, muita gente vem ao balcão.

(G) Quantos vendedores ambulantes vêm aqui pra vender no isopor?

(M) Hoje em dia não tem nem dez. A gente vende mais pra comércio.

(G) Ainda há ambulantes que vêm aqui e entram no 474?

(M) Sim, mas diminuiu muito. Antigamente tinha muito mesmo. Mas acho que o sufoco de levar de ônibus acaba não compensando, o trem pelo menos tem ar-condicionado.

Dona Mara faz o tour das instalações. Tudo tão branco e limpo que nem parece que continuamos no surrado Riachuelo. Ganho um picolé de chiclete na saída.

fontes minion pro e neue haas grotesk
gráfica pallotti
papel avena 80g
tiragem 1500